Sur le fil du rasoir

Sur le fil du rasoir

Enseignements Spirituels

par

Swami Ramakrishnananda Puri

Mata Amritanandamayi Center, San Ramon
Californie, États-Unis

Sur le fil du rasoir
Par Swami Ramakrishnananda Puri

Publié par :
   Mata Amritanandamayi Center
   P.O. Box 613
   San Ramon, CA 94583
   États-Unis

––––––––––– *Racing along the Razor's Edge (French)* –––––––––

Première édition par le Centre MA : septembre 2016

En France :
   Ferme du Plessis
   28190 Pontgouin
   www.ammafrance.org

En Inde :
   www.amritapuri.org
   inform@amritapuri.org

sarva śruti śiroratna
virājita padāmbujaḥ
vedāntāmbuja sūryo yaḥ
tasmai śrī gurave namaḥ

« Les pieds du Gourou sont aussi lumineux que les
pierres précieuses des Ecritures. Le Gourou est le soleil
qui fait éclore le lotus de la sagesse du Védanta.
Je me prosterne aux pieds du Gourou. »

Guru Gita, verset 68

*En humble offrande aux pieds de lotus de mon
bien-aimé Gourou, Sri Mata Amritanandamayi.*

Table des Matières

Préface

uttiṣṭhata jāgrata
prāpya varānnibodhata
ksurasya dhārā niśitā duratyayā
durgaṁ pathastat kavayo vadanti

« Lève-toi, éveille-toi, approche les grands Maîtres
Et reçois l'illumination.
Suivre le chemin est ardu, aussi difficile
Que de marcher sur le fil du rasoir » disent les sages.

Katha Upanishad, chapitre 1, chant 3, verset 14

Ce verset, tiré des Ecritures de l'Hindouisme, décrit très justement la difficulté de toute démarche spirituelle. Bien que les chercheurs se comptent par millions dans le monde, rares sont ceux qui ont atteint le but. Dans notre société moderne, traverser l'océan des plaisirs des sens et des désirs matériels est une entreprise très difficile. Plonger tête première dans la spiritualité après avoir lu quelques livres est aussi infantile que de vouloir pratiquer une opération chirurgicale sur soi-même avec un couteau aiguisé. Cependant, il n'y a pas lieu de se décourager, car les progrès effectués sur cette voie sont toujours précieux, quelle que soit la distance parcourue.

Heureusement, pour nous sortir des ténèbres, la Grâce de Dieu s'est incarnée sur Terre sous une forme maternelle. Appelée Amma (Mère) par ses dévots qu'elle considère comme ses enfants, Sri Mata Amritanandamayi Devi nous enseigne comment cheminer sur le fil du rasoir (la voie spirituelle), sans nous blesser ou chuter. Sa compassion et sa puissance sont telles qu'avec son aide et sous sa conduite aimante, nous pourrons même courir sur le chemin spirituel.

Ce livre décrit les bases de cet art délicat qui consiste à trouver l'équilibre entre la spiritualité et la vie ordinaire. Qui cet ouvrage va-t-il inspirer ? Le chercheur confirmé, un religieux dans son couvent par exemple, ou la personne la plus mondaine ? Cela dépend de chacun. Ce livre s'adresse surtout à ceux qui veulent savourer la paix et la joie intérieures, tout en vivant pleinement dans le monde.

Puissiez-vous apprécier ce livre et désirer intensément la présence en vous de la Mère Eternelle.

Swami Ramakrishnananda Puri
Amritapuri, le 27/09/2003

Sri Mata Amritanandamayi : Une Introduction

« Un flot d'amour continu s'écoule de moi vers tous les êtres du cosmos. Telle est ma nature. »

Amma

Dans l'état du Kérala, en Inde du Sud, blotti sur une péninsule entre la mer d'Oman et la lagune de Kayamkulam, se trouve l'ashram d'Amritapuri. Amritapuri est sanctifié par la présence de Sri Mata Amritanandamayi Dévi, la Mère Divine et le *satguru* de millions de gens à travers le monde.

A nos contemporains, privés de foi vivante et assoiffés d'amour véritable, Amma apparaît comme un torrent d'amour divin. A jamais établie dans la vérité suprême, elle accepte tout le monde car elle reconnaît son propre Soi en chacun. Prenant l'humanité souffrante dans ses bras, apaisant les chagrins, redonnant l'espoir, elle dissipe l'obscurité des cœurs et guide sur le chemin de la perfection et de la joie éternelles.

En presque trois décennies de service incessant, Amma a personnellement consolé et conseillé des millions de gens, issus de tous milieux et de tous pays, aux quatre coins du monde. Elle essuie les larmes et allège la pesanteur de la souffrance. Sans aucun doute, la compassion, la tendresse et l'intérêt profond qu'elle manifeste à chacun, son charisme spirituel, son innocence et son charme naturels, font d'elle un être unique.

Amma incarne tout ce qu'elle enseigne. Elle consacre chaque instant de sa vie à alléger le fardeau de ceux qui souffrent. Par les chants dévotionnels, par ses simples paroles, illustrées de façon vivante et accompagnées d'exemples concrets et marquants, ainsi que par l'incomparable exemple de sa vie, partout, Amma gagne les cœurs.

Le bref résumé d'une vie

Le 27 septembre 1953 au matin, dans le village d'Allapad, sur la côte ouest du Kerala, est née une petite fille. Ses parents lui ont donné le nom de Sudhamani. Quand elle est venue au monde, contrairement à la plupart des bébés, elle ne pleurait pas. Au contraire, un sourire illuminait son visage, comme pour annoncer la joie et la béatitude qu'elle allait donner au monde. Dès son plus jeune âge, elle était tout à fait consciente de sa véritable nature, mais, comme Krishna, elle préférait se comporter en enfant espiègle. Plus tard, elle surprit ses parents par le souvenir précis qu'elle gardait du moindre événement qui s'était produit dans les premiers mois de sa vie.

Bien que sa divinité fût innée, Sudhamani a passé son enfance et son adolescence à s'adonner à d'intenses pratiques spirituelles afin d'être un exemple vivant pour le monde. Même quand elle était toute petite, on la trouvait souvent absorbée dans une profonde méditation, complètement inconsciente du monde extérieur. Vers l'âge de cinq ans, elle commençait déjà à composer des chants dévotionnels dédiés au Seigneur Krishna. Souvent chargés de révélations profondément mystiques, ces chants exprimaient une aspiration poignante. S'oubliant elle-même dans cet amour pour le Seigneur, elle mettait tout son cœur et toute son âme dans ces mélodies. Sa voix douce faisait la joie des habitants du village.

Sa mère est tombée malade quand elle avait neuf ans. Sudhamani a dû quitter l'école car elle était chargée de tout le travail domestique, de la cuisine et de l'entretien de la maison. Elle accomplissait ce travail épuisant sans l'ombre d'une plainte. Comme une prière, elle offrait au Seigneur chaque moment de ses longues heures de dur labeur. Elle acceptait sans se plaindre tous les obstacles, tous les mauvais traitements qu'elle subissait dans sa famille. Elle ne trouvait de consolation et de soutien que dans le souvenir constant de son bien-aimé Seigneur Krishna. Sa journée de travail se terminait à minuit, mais au lieu d'aller se coucher, Sudhamani consacrait une bonne partie de la nuit à méditer, à chanter et prier Dieu.

Une autre qualité de Sudhamani, clairement manifestée dès son plus jeune âge, était son amour et sa compassion envers les êtres humains. Un de ses devoirs consistait à aller chez les voisins chercher de la nourriture pour les vaches familiales. Là, elle écoutait patiemment le récit de leurs malheurs. Les plus âgés, surtout, lui confiaient qu'ils étaient délaissés, voire maltraités par leurs enfants et petits-enfants. Grâce à leurs témoignages, Sudhamani a compris que les mêmes personnes qui, dans leur enfance, avaient prié pour la bonne santé et la longévité de leurs parents, les maudissaient maintenant, alors qu'ils étaient vieux et infirmes. Elle a vu que l'amour humain était toujours motivé par l'égoïsme. Encore enfant, elle faisait tout ce qui était en son pouvoir pour alléger la souffrance de ses vieux voisins. Elle nettoyait leur linge, les lavait et leur apportait même des vêtements et de la nourriture qu'elle prenait chez elle. Cette habitude lui causa de nombreux problèmes. Pourtant, aucune punition n'a jamais pu l'empêcher de manifester sa compassion innée. Elle disait à ses parents : « Je suis née pour prendre sur moi la souffrance engendrée par l'ignorance des autres. »

A l'adolescence, l'amour de Suddhamani pour le Seigneur prit des proportions démesurées. Ses périodes d'extase devinrent de plus en plus fréquentes, elle dansait et chantait, en pleine béatitude, ivre de Dieu et complètement inconsciente du reste du monde. A ses yeux, tout l'univers était empli de Krishna et de Lui seul. Très vite, Sudhamani entra dans une profonde union mystique avec son Seigneur, union tellement parfaite qu'elle ne faisait plus de différence entre elle-même et Krishna.

Un jour, elle eut une magnifique vision de la Mère Divine de l'Univers. Cette expérience fut suivie d'une ivresse divine permanente. Jour et nuit, un désir intense d'union avec la Mère Divine la submergeait. Les membres de sa famille ainsi que de nombreux villageois, n'arrivant pas à comprendre ses états de conscience sublimes, commencèrent à la harceler de toutes les manières possibles et imaginables. Elle fut obligée de quitter la maison et de vivre dehors, jour et nuit, avec le ciel pour toit, la terre pour lit, la lune pour lampe et la brise de l'océan pour éventail.

Rejetée par sa famille et par les voisins, elle eut pour compagnons les oiseaux, les animaux, qui devinrent des amis fidèles. Les animaux lui apportaient de la nourriture et lui rendaient gentiment tous les services possibles.

Sudhamani s'absorba pendant des mois dans les plus austères et les plus rigoureuses pratiques spirituelles. Son être entier brûlait d'amour et de désir pour la Déesse. Elle embrassait la terre, enlaçait les arbres, percevant la Mère Divine en eux. Elle pleurait au souffle du vent, qu'elle prenait pour une caresse de la Mère Divine. On la trouvait souvent absorbée en *samadhi* plusieurs heures ou même plusieurs jours de suite, sans le moindre signe de conscience extérieure. Grâce à ces pratiques spirituelles, elle parvint à se fondre totalement dans la Mère Divine de l'Univers. Amma décrit cette expérience dans un chant, « Ananda Vithi » :

« Souriante, la Mère Divine s'est transformée en lumière resplendissante et elle est venue se fondre en moi. Mon esprit s'est ouvert, baignant dans l'éclat multicolore de la divinité. Dès lors, je ne perçus plus rien comme séparé de mon propre Soi. »

« L'univers entier existe à l'intérieur de moi, comme une minuscule bulle de savon », voilà ce dont elle prit conscience. Le son primordial omniprésent « Aum » jaillit spontanément du plus profond de son être. Sudhamani savait désormais que les différentes formes de Dieu sont des manifestations du même *atman* indivisible.

Plus tard, on a interrogé Amma au sujet de ses chants dévotionnels poignants et de la raison des intenses austérités qu'elle s'était imposées dans sa jeunesse. Elle a répondu ainsi : « Rama et Krishna ne vénéraient-ils pas Shiva et Dévi bien qu'ils fussent eux-mêmes des Avatars ? Aucun être né en pleine conscience ne déclare dès l'enfance qu'il est Brahman, car cela impliquerait que les autres ne sont pas Brahman. A qui pourrait-il bien parler, Celui qui a réalisé l'Unité Absolue ? Et de quoi ? Cet état est au-delà des mots et des descriptions. On ne peut pas utiliser son langage personnel pour communiquer avec un sourd-muet. Pour faire passer le message, on emploie un langage gestuel. Cela n'implique pas qu'on est soi-même muet ou sourd. De même, si l'on voit les Avatars se livrer à de sévères austérités ou méditer, cela ne veut pas dire qu'ils en ont besoin. Ils agissent ainsi pour servir d'exemple. »

L'ashram d'Amritapuri

Après cette période initiale d'austérités intenses, Amma s'est complètement consacrée à sa mission : servir les pauvres, soulager ceux qui souffrent, propager le message de la spiritualité. Nombreux étaient ceux qui affluaient pour recevoir sa bénédiction. Amma les accueillait dans la maison qui l'a vue naître et qui s'est ainsi transformée en ashram. Beaucoup de jeunes disciples se sont bientôt rassemblés autour d'elle et elle les formait à la tradition indienne de « sannyas ». On lui a donné alors le nom monastique de « Mata Amritanandamayi », bien qu'on l'appelle toujours familièrement « Amma ». L'ashram, autrefois minuscule, est maintenant devenu le centre de sa mission internationale. Les dévots se pressent par milliers chaque jour à l'ashram pour recevoir son *darshan* et plus de deux mille aspirants spirituels y vivent en permanence. Guidés par Amma, ils se consacrent aux pratiques spirituelles et au service désintéressé.

Les tours du monde

Depuis 1987, Amma voyage régulièrement dans de nombreux pays. Propageant le message de l'amour et de la spiritualité, elle a animé des milliers de rencontres spirituelles à travers le monde. Elle se rend chaque année dans une vingtaine de pays. En Occident, les médias surnomment souvent Amma « la Sainte qui embrasse. » Dans tous les pays qu'elle visite, les médias, presse écrite et télévisée, se font l'écho de l'événement de ses programmes.

En 1993, au Parlement des Religions du Monde de Chicago, Amma a été l'un des trois présidents élus pour la religion hindoue. La même année, *Hinduism Today,* un journal international qui traite de la culture indienne, a décerné à Amma le Prix de la Renaissance Hindoue. En 1995, Amma a été invitée à prendre la parole aux célébrations interreligieuses qui se sont tenues à New York pour fêter le cinquantième anniversaire des Nations Unies. En 2000, à l'ONU, elle a prononcé un discours très important lors du Sommet Mondial pour la Paix sur le « Rôle des religions dans la résolution des conflits. » Dans le cadre de « l'Initiative pour la Paix dans le Monde des Femmes chefs Religieux ou Spirituels » qui s'est déroulée à Genève, en 2002, à l'Assemblée des Nations Unies, Amma, dans une allocution remarquable sur « l'éveil de la Mère Universelle », a parlé de la condition des femmes et de leurs compétences. A cette occasion, on lui a remis le prestigieux prix « Gandhi-King » de la non-violence. Parmi les précédents récipiendaires figurent Nelson Mandela, ex-président d'Afrique du Sud, Kofi Annan, Secrétaire Général des Nations Unies et le docteur Jane Goodall, primatologue et Messagère des Nations Unies pour la Paix.

Le darshan d'Amma

Darshan est un mot sanscrit qui signifie « vision ». Il sert à nommer la rencontre avec une personne sainte, et surtout un Maître ayant réalisé le Soi. Le *darshan* d'Amma est unique. Incarnant la Mère Suprême, elle accueille chaque personne qui vient à elle, écoute ses problèmes, la conseille et la guide, réconfortant ceux qui souffrent. Lors d'occasions particulières, Amma se montre sous l'aspect de *Devi* (la Mère Divine) et le *darshan* prend alors le nom de *Devi Bhava*. Autrefois, Amma donnait aussi un *Krishna Bhava*.

Voici ce que dit Amma de la signification du *bhava darshan* : « Toutes les déités du panthéon hindou, qui représentent les innombrables aspects de l'Être Suprême Unique, existent à l'intérieur de nous-mêmes. Celui qui est établi dans le Divin peut manifester à volonté n'importe lequel de ces aspects pour le bien du monde. Le *Krishna Bhava* est la manifestation de l'Être Pur et le *Devi Bhava* celle du Principe Féminin, la Créatrice, le principe actif de l'Absolu Impersonnel. Il ne faut pas oublier cependant que tous ces aspects et tous ces noms ne sont que des projections du mental. Pourquoi un juge porte-t-il une robe noire ? Pourquoi un policier porte-t-il un uniforme avec une casquette ? Uniquement parce que cela permet de créer une certaine impression. De même, Amma revêt le costume de *Devi* pour renforcer la dévotion de ceux qui viennent au *darshan*. Son but, c'est de les aider à atteindre la Vérité. « L'atman, le Soi qui est en moi est aussi en vous. Si vous prenez conscience du principe indivisible qui brille en vous depuis toujours, alors vous deviendrez Cela. »

Chapitre 1

La cause de toute souffrance

Le problème fondamental

Pour la plupart d'entre nous, la vie est une lutte constante pour trouver une solution aux problèmes qui nous font souffrir. Selon les Ecritures hindoues, la cause de toute souffrance réside dans l'ignorance de la nature véritable de notre propre Soi. Chacun de nous est la Conscience Suprême, mais nous nous prenons pour l'ensemble formé par le corps, le mental et l'intellect. En vérité, quoi qu'il arrive au corps, au mental ou à l'intellect, la Conscience éternelle qui les anime, elle, n'est jamais affectée. Voici comment la *Bhagavad Gita* décrit cette Conscience éternelle, également appelée « le Soi» :

nai'naṁ chindanti śastrāṇi nai'naṁ dahati pāvakaḥ
na cai'naṁ kledayanty āpo na śoṣayati mārutaḥ
acchedyo 'yam adāhyo 'yam akledyo'śoṣya eva ca
nityaḥ sarvagataḥ sthāṇuḥ acalo'yaṁ sanātanaḥ

« Les armes ne le transpercent pas,
le feu ne le brûle pas,
l'eau ne le mouille pas,
le vent ne l'assèche pas,
Ceci (le Soi) est éternel, omniprésent,
constant, immuable et primordial. »

Bhagavad Gita, chapitre II, versets 23-24

Nous nous focalisons sur les besoins de cet ensemble corps-mental-intellect, parce que, à tort, nous nous identifions à lui. Cette identification crée en nous de nombreux désirs. Il est impossible de tous les satisfaire, mais ils subsistent quand même. Ces désirs inassouvis engendrent souvent de la souffrance.

Nous avons également certaines attentes concernant le déroulement de notre vie. Malheureusement, ce qui arrive ne coïncide pas toujours avec nos espoirs. Peut-être voudrions-nous épouser une personne précise, réussir dans le travail, ou bien voir notre enfant faire de brillantes études. Si ces souhaits ne se réalisent pas, nous en sommes malheureux.

L'attachement peut aussi être cause de chagrin. Si, par exemple, nous accordons trop d'importance à l'argent et aux biens matériels, nous nous y attachons et nous pouvons être certains de souffrir lorsque la voiture est volée, lorsque nos placements perdent de la valeur ou lorsque survient toute autre perte matérielle.

Des défauts tels que l'égoïsme, la convoitise, la colère, l'avidité et la jalousie affectent nos décisions et nos actions, et augmentent ainsi la probabilité de connaître peine et douleur.

Comme si toutes ces causes de souffrance ne suffisaient pas, les décisions prises sans discernement et les mauvaises actions qui en découlent (aux niveaux mental, verbal et physique), tout cela peut produire un *karma* négatif. Ce *karma* aura, dans cette vie ou dans la prochaine, des conséquences douloureuses.

C'est donc nous qui créons notre propre souffrance, ce n'est pas Dieu. En réalité, Dieu a créé un monde beau ; c'est le mental qui le transforme. Amma raconte une histoire à ce sujet :

Deux hommes sont assis dans un jardin près d'un rosier. L'un d'eux regarde les roses en pleine floraison et se dit : « Oh ! Que ces roses sont belles ! Ma petite amie serait bien contente que je lui en offre une, alors un joli sourire s'épanouirait sur son visage. » Perdu dans ses pensées, il reste assis à contempler le rosier, oubliant tout le reste.

L'autre homme, lui, est contrarié à la vue de ces mêmes roses. Il se dit : « J'ai si souvent offert à mon ex-petite amie des fleurs comme celles-ci ! Pourtant, elle m'a trahi et est partie avec un autre. Je ne pourrai jamais le lui pardonner. » Ses pensées sont si amères qu'il s'en prend aux roses, les piétine et les écrase. Puis, dans l'espoir de retrouver un peu de paix, il entre dans le premier bar afin de noyer son chagrin dans l'alcool.

Le mental, seul, est cause de notre attachement et de notre manque de liberté. Pour connaître la paix, la joie et la liberté, il faut le discipliner.

Par nos propres moyens, il est difficile de passer de la souffrance à la joie, mais un *satguru* (un Maître véritable) peut nous aider à dépasser la négativité, cause de notre malheur.

Les désirs

Nous avons tous des désirs, mais ils ne sont pas tous satisfaits. Pourquoi donc ? Amma répond ainsi : « Si tout devait se passer comme nous le souhaitons, ç'en serait fini de l'harmonie de la création. » Les médecins veulent avoir davantage de patients, mais personne ne veut tomber malade. Si les hommes de loi souhaitent une clientèle plus nombreuse, il faudrait davantage de crimes, d'accidents, de bagarres. Or, nous désirons tous vivre en paix dans une société unie. Les commerçants qui vendent de l'alcool veulent que le nombre de buveurs augmente, mais les parents ne veulent pas que leurs enfants boivent.

Personne ne veut mourir. Certains expriment même le vœu de faire congeler leur corps, une fois décédés, à l'aide de la cryogénie, pour pouvoir reprendre le cours de leur existence dans le futur, quand la science aura le moyen de ramener les morts à la vie. En même temps, les fabricants de cercueil prient pour la prospérité de leur entreprise.

Si tous nos désirs étaient satisfaits, il n'y aurait plus d'ordre sur cette planète, ce serait le chaos. En réalité, s'il y a un tant soit peu d'harmonie en ce monde, c'est uniquement parce que certains de nos désirs sont frustrés.

D'autre part, il faut remarquer que le bonheur que nous retirons des objets extérieurs n'est rien d'autre qu'un bonheur d'emprunt : il ne fait pas partie des objets eux-mêmes. Nous pensons qu'il vient de ces objets, mais en fait, il n'est que le reflet d'un bonheur intrinsèque. C'est pourquoi des objets sans valeur font souvent la joie des enfants.

Les attentes

Le fait de nourrir des attentes engendre de la souffrance pour de multiples raisons. Si elles sont déçues, nous sommes frustrés. En général, la frustration conduit à la colère et chez certains, à la dépression.

Même une attente satisfaite peut donner de la souffrance. Quand l'une de nos attentes est comblée, le désir grandit et nous souhaitons que toutes les attentes soient comblées, alors l'avidité augmente, les désirs se multiplient et se fortifient. La quantité de souffrance que nous traversons est proportionnelle à l'intensité de nos désirs et de nos attentes.

Cela ne veut pas dire qu'il ne faut rien souhaiter, mais il faut être capable de rester serein quand les désirs ne sont pas assouvis.

Une action peut avoir différents résultats. Si nous prenons un médicament parce que nous sommes malades, ne croyons pas que nous allons automatiquement guérir. Soyons prêts à envisager toutes les éventualités :

    1)   Nous guérirons complètement.

    2)   Nous guérirons partiellement.

3) Nous ne guérirons pas du tout.

4) Nous ferons une allergie au traitement, souffrirons des effets secondaires ou d'une complication.

Autrement dit, une action a plusieurs résultats possibles :

1) Satisfaire notre attente.

2) Dépasser notre attente.

3) Rester en deçà de notre attente.

4) Ne donner aucun résultat.

5) Donner un résultat totalement inattendu.

Quand nous attendons un résultat, envisageons toutes les possibilités énoncées ci-dessus. Soyons prêts à affronter n'importe laquelle d'entre elles. Assimiler ce concept est signe de maturité. Refuser d'accepter une ou plusieurs de ces éventualités est signe d'immaturité.

Nous possédons tous une certaine maturité, mais il faudrait que celle-ci s'étende au mental et au domaine émotionnel. Amma dit que notre corps se développe en hauteur et en largeur, mais que notre mental ne grandit pas. Faisons des efforts pour développer notre maturité mentale et émotionnelle.

Les défauts

Nous avons tous des défauts : l'impatience, l'avidité, la jalousie, la colère, l'obstination, la rancune, l'anxiété et l'arrogance ; ils se manifestent de temps en temps. Ils font surface en dépit des durs efforts que nous faisons pour nous comporter avec amour. Ils pèsent lourdement sur notre sentiment de bien-être et sur la qualité de nos relations. Lorsque le mental est agité par ces défauts, il est difficile de prendre une décision avec discernement.

Il y a quatre types d'individus :

1) Ceux en qui l'agitation et la négativité sont importantes, mais qui en sont inconscients. Ils pensent que tout va bien pour eux. Comme dit le proverbe : « Bienheureux les ignorants. »

2) Ceux qui sont conscients de leurs défauts mais ne voient aucune raison de s'en débarrasser. Il se peut qu'ils aient appris à vivre avec, mais ils continuent d'en souffrir et de passer par la colère, le ressentiment et autres émotions négatives. Celles-ci sont un problème aussi bien pour eux que pour leur entourage.

3) Ceux qui sont conscients de leurs défauts et désirent s'en défaire. Ils ne veulent plus vivre avec les problèmes qu'ils se créent. Ils aspirent à la paix de l'esprit, au calme et à la sérénité. Ils essaient donc de se libérer de ces négativités. Seules, les personnes de ce groupe se mettent aux pratiques spirituelles comme la méditation, la prière, l'étude des Ecritures, ou bien se rendent auprès d'un Maître spirituel.

4) Ceux qui ont transcendé tous les aspects négatifs du mental. Ce sont les Mahatmas[1], comme Amma, ce sont de très rares exceptions. Leur mental n'est pas égocentrique, il est un avec le mental universel. Pour eux, les problèmes n'existent pas.

Nous savons tous que nous faisons du mal à autrui ainsi qu'à nous-mêmes chaque fois que nous sommes en colère, rancuniers ou anxieux. Nous savons que ces émotions sont destructrices, mais nous n'avons pas la force d'esprit ni l'entraînement nécessaires pour dominer ces défauts.

Toutes les pratiques spirituelles ont pour but d'apprendre au mental à maîtriser ces tendances négatives. Malheureusement, la plupart d'entre nous n'entraînons pas le mental, c'est lui qui nous entraîne et nos défauts prennent le dessus.

Même en présence d'Amma et de son énergie, nous sommes facilement dérangés par une chose ou l'autre. J'ai entendu des dévots dire à Amma : « Amma, être assis auprès de toi est la

---

[1] Un *Mahatma* est un être qui a réalisé Dieu (le Soi). Il peut décider ou non de guider autrui sur la voie spirituelle, ce que fait un *Satguru*. Tous les *Satgurus* sont des *Mahatmas*, mais tous les *Mahatmas* ne choisissent pas d'être un *Satguru*.

meilleure opportunité pour méditer, mais même en ta présence, je n'arrive pas à méditer convenablement. »

Conscience insuffisante de l'impermanence du monde

Le téléphone sonne, vous décrochez. Dès les premiers mots de votre interlocuteur, vous savez qui vous appelle. S'il s'agit de votre épouse, de votre mari ou de votre partenaire, vous direz peut-être quelque chose comme « Bonjour, chéri(e), comment ça va ? Tu me manques ! » Mais si c'est votre patron qui se trouve au bout du fil, vous ne direz pas la même chose ! Sinon, vous risqueriez de vous faire renvoyer !

Il en va de même avec des objets différents et des situations diverses. Pour avoir de bonnes relations avec les autres, il faut connaître la nature des objets, des personnes et des situations auxquels nous sommes confrontés.

Pour compliquer le tout, les attitudes, les objets, les situations changent constamment. Il se peut qu'aujourd'hui vous soyez propriétaire d'une belle voiture ou d'un ordinateur, mais que demain, ceux-ci soient tout juste bons à mettre à la poubelle. L'attitude des gens, elle aussi, est variable : le meilleur ami d'aujourd'hui peut devenir le pire ennemi de demain.

Le bonheur n'est pas là où on le cherche

Personne ne dit : « Je veux être heureux seulement le matin, peu m'importe d'être malheureux le soir. » Pas davantage : « Je ne veux être heureux que dans mon travail, pas dans mon foyer. » Ou encore : « Je veux être heureux uniquement quand je conduis ma voiture. » Autrement dit, nous voulons un bonheur sans limite et sans condition, qui ne dépende ni du moment, ni du lieu, ni des objets. Et cependant, nous cherchons à être heureux grâce aux autres, grâce aux objets et aux situations, toutes choses, qui par nature, sont soumises au changement et à l'impermanence.

Il est complètement illogique d'attendre un bonheur permanent et constant de quelque chose qui change.

Cela ne veut pas dire que les objets ne nous apportent aucun bonheur, mais il s'agit d'un bonheur accidentel et non intrinsèque. Un objet peut faire le bonheur de quelqu'un à un moment donné, ou dans une situation donnée, mais non à chaque fois, ni pour toujours. Cela nous fera sans doute plaisir d'acheter une Mercedes Benz toute neuve. Nous serons heureux de la conduire, même en pensée. Mais que l'un de nos proches ou de nos amis meure, la tristesse l'emportera. Dans cette situation, nous aurons beau conduire la Mercedes ou y penser souvent, elle ne nous rendra pas heureux. C'est que le bonheur procuré par cette voiture était transitoire et non pas intrinsèque. Autrement, elle nous aurait rendus heureux en toute situation. Si notre bien-être dépend de ce genre d'objets, nous risquons d'être déçus.

Amma dit qu'il nous faut être comme l'oiseau perché sur la branche sèche. L'oiseau sait que la branche sur laquelle il repose est si frêle que la moindre brise peut casser ce fragile perchoir. Alors, prudent, il est sans cesse aux aguêts, toujours prêt à prendre son envol.

Si nous perdons l'objet de notre désir ou de notre intérêt, ou s'il nous quitte, nous devrions continuer à vivre sans éprouver de tristesse tout comme l'oiseau s'envole quand la branche casse.

Si le bonheur que nous apportent les objets est limité, le malheur qu'ils peuvent engendrer est en revanche illimité. Essayons de ne pas attacher une importance ou une valeur excessives aux objets, ni de trop attendre d'autrui.

Pour Amma, rechercher un bonheur permanent à travers des objets qui changent est aussi irréaliste qu'espérer trouver de l'eau fraîche dans le désert. Ne laissons pas le bonheur et la paix du mental dépendre d'objets ou de personnes ; ils échappent à notre contrôle. Apprenons au contraire à nous adapter à chaque situation. C'est en ce sens qu'Amma nous invite à apprendre à climatiser le mental. Amma raconte une histoire pour illustrer ce point :

Un jour, un roi décide d'une promenade dans la capitale du royaume. En marchant dans la rue, son pied heurte un caillou pointu et un de ses orteils saigne. Il se met en colère contre les gardes et les serviteurs et leur crie : « Comment avez-vous osé permettre que cela m'arrive, à moi ? » Il leur ordonne alors de recouvrir d'un tapis toutes les rues de la ville avant sa promenade du lendemain. Les ministres se grattent la tête, ne sachant que faire. Où trouver de si longs tapis ? L'un d'eux, un vieux ministre plein de sagesse, s'enhardit, et s'adressant au roi : « Votre Majesté, au lieu de faire dérouler des tapis dans toutes les rues, ne serait-il pas plus avisé de porter une bonne paire de chaussures ? »

De même, au lieu de chercher à tout modifier à notre convenance, nous ferions mieux d'essayer de nous adapter aux circonstances. C'est possible si nous comprenons les principes de la spiritualité et si nous pratiquons les exercices spirituels. Si notre force spirituelle s'accroît, elle jouera le même rôle que les amortisseurs d'une voiture. Ceux-ci aident le véhicule à encaisser les bosses et les cahots des routes inégales. Notre vie, elle aussi, est faite de hauts et de bas et c'est notre force spirituelle qui nous aide à amortir les revers de fortune.

Mauvaise évaluation des situations

Quand nous prenons des décisions malheureuses par manque de discernement, nous récoltons de la souffrance. Beaucoup d'étudiants se suicident après avoir raté leurs examens ou après avoir obtenu une note inférieure à ce qu'ils espéraient. Il arrive parfois qu'au cours d'une rencontre sportive passionnée, les supporters se laissent aller à la violence à la suite d'une décision de l'arbitre. Prendre du recul permet de mieux évaluer une situation et de relativiser son importance.

Nous n'apprécions pas toujours les choses à leur juste valeur. Quand nous achetons des chaussures très onéreuses, par exemple, nous ne les gardons pas dans une valise, ni au fond du placard. Bien qu'elles aient coûté cher, nous les portons et nous marchons avec, dans les rues sales, sans faire d'histoires. Ce ne sont que des chaussures et nous les avons achetées pour les porter. Nous n'abordons malheureusement pas toutes les situations de la vie avec autant de discernement.

Je voudrais vous raconter une histoire qui met en lumière la façon dont Amma accorde toujours sa juste valeur à tout objet. Aux premiers temps de l'ashram, nous manquions souvent de nourriture. Nous manquions même de vêtements corrects. Pour se rendre à chaque programme extérieur à l'ashram, les *brahmacharis* (disciples monastiques) se répartissaient les quelques vêtements mettables dont ils disposaient. A cette époque également, Amma tenait à ce que tous les visiteurs de l'ashram soient nourris avant que les *brahmacharis* n'aient l'autorisation de prendre leur repas. Souvent, il ne restait plus rien pour nous. Alors Amma allait mendier notre nourriture auprès des voisins.

Un jour, une pauvre femme du voisinage vient voir Amma et lui annonce que le mariage de sa fille est arrangé. Comme elle est très pauvre, elle a besoin de l'aide d'Amma. En dépit des difficultés financières dans lesquelles se débat l'ashram, Amma lui promet de l'aider. Je suis assis à côté d'Amma au moment où elle appelle un résident et lui demande d'aller lui chercher quelque chose dans sa chambre. Il rapporte une boîte et la tend à Amma. Elle l'ouvre. A l'intérieur se trouve une chaîne en or de grande valeur, sûrement le don récent d'un dévot. Je me demande ce qu'Amma va en faire.

Sans hésiter une seconde, Amma tend la chaîne à la femme.

Celle-ci est transportée de joie et remercie abondamment Amma. Je suis assez troublé en pensant à nos propres difficultés financières. Comment Amma peut-elle agir ainsi ? La femme s'éloigne avant que j'aie le temps de dire un mot. Incapable de me contrôler sous l'effet du choc, je demande à Amma : « Comment peux-tu faire cela ? »

Je lui fais alors un long discours. « Connais-tu le prix de cette chaîne ? »

A l'époque, je travaillais dans une banque, je connaissais donc la valeur marchande de l'or.

« J'aurais pu emporter la chaîne à la banque pour toi et en retirer une bonne somme d'argent. Je pense que tu n'as pas agi de manière juste. » « Ah bon ? », dit Amma. « Pourquoi ne me l'as-tu pas dit plus tôt ? Va vite me chercher cette femme. Dépêche-toi ! »

Je suis très fier de moi. J'ai vu clair et je suis à même de corriger une erreur d'Amma. A ce moment-là, j'ignorais qu'Amma était un Maître réalisé et je n'avais aucune idée de sa véritable grandeur. Ma compréhension de la spiritualité était désespérément pauvre. Comme de nombreux pseudo-intellectuels, je pensais avoir plus de connaissances et d'expérience qu'elle dans le domaine matériel.

Convaincu qu'Amma veut reprendre la chaîne à la femme, je pars à sa recherche et la ramène. Elle se demande ce qui se passe. En me montrant du doigt, Amma lui dit : « Ce *brahmachari* dit que c'est une chaîne de grande valeur. »

Je suis très impatient et je brûle d'envie de dire à cette femme : « Alors, rends la nous. »

Amma sent que je m'énerve et me dit de me calmer. Elle dit à la femme : « Puisque ce collier a autant de valeur, ne le mets pas en gage et ne le vends pas trop bon marché. Arrange-toi pour en tirer un bon prix. »

Tout d'un coup, je me sens profondément honteux d'avoir méconnu à ce point la compassion d'Amma.Ce n'est qu'un exemple parmi d'autres, qui montre qu'Amma n'attache pas une importance exagérée aux choses matérielles. Cela ne veut pas dire que les biens matériels ne comptent pas. Mais il faut être conscient des limites de la richesse matérielle. Ce n'est pas tout. Sinon, tous les riches de la terre seraient heureux et joyeux. Or, j'ai vu beaucoup de gens riches pleurer dans les bras d'Amma, pour diverses raisons. La richesse spirituelle est bien plus importante. J'entends par ce mot la force spirituelle et la maturité que l'on acquiert après avoir compris la nature éphémère du monde et de ses objets. Cette richesse spirituelle nous rend capables de tout affronter avec le sourire, même la mort.

Quand les dévots ont commencé à affluer à l'ashram pour voir Amma, sa façon d'étreindre les gens lors du *bhava darshan*[2] a suscité une opposition violente. Amma a été victime de plusieurs attentats, dont l'un organisé par son propre cousin. Ce dernier pensait que le comportement d'Amma risquait de souiller le nom de la famille. Il l'a attirée par ruse dans une maison et l'a menacée d'un grand couteau. Amma n'a pas montré la moindre émotion, elle a ri et dit : « Je n'ai pas peur de la mort. Le corps doit périr tôt ou tard, mais tu ne peux pas tuer le Soi. Puisque tu as décidé de mettre fin à mon existence physique, laisse-moi méditer un petit moment, puis tue-moi en pleine méditation. » Grâce à sa compréhension véritable de la nature du Soi et du monde, Amma a pu faire face avec sérénité à cette menace, sans colère ni émotion vis à vis de son agresseur.

La loi du karma

Récemment, certains scientifiques ont apporté la preuve que nous vivons plus d'une vie. Cependant, il est encore impossible, compte tenu du niveau scientifique et technologique actuel,

---

[2] Bhava darshan désigne le moment où Amma se manifeste sous l'aspect de la Mère Divine.

d'affirmer sans le moindre doute l'existence des vies antérieures et des renaissances. Néanmoins, il est légitime de se demander en vertu de la loi qui dit que chaque action entraîne une réaction d'intensité égale et de sens opposé, quelles sont les actions qui donnent naissance à un enfant difforme, pauvre ou prodige. L'enfant n'a rien fait dans cette vie pour mériter son sort. Il est logique d'expliquer que sa condition actuelle est due à une vie antérieure. Les enfants nés de mêmes parents peuvent être très différents. L'un peut être très intelligent et l'autre non. Comment expliquer cette disparité ? Et les tyrans comme Hitler ou Staline qui ont massacré des millions de gens, quand et comment vont-ils subir les conséquences de leurs cruelles actions ? N'auront-ils pas à payer dans des vies futures ?

Selon la loi du *karma*, chaque action produit inexorablement un effet sur son auteur. Tant que l'on a un ego, il n'est pas possible d'échapper à cette chaîne karmique. Les conséquences d'un acte n'affectent pas uniquement la personne qui agit. Nous ne sommes pas les seuls à retirer les bienfaits de nos bonnes actions, le monde en général en ressentira le bénéfice. Si nous avons un comportement égoïste ou blessant, il affectera également autrui. Imaginons que nous ayions la mauvaise habitude de boire trop d'alcool. Un jour, nous conduisons en état d'ivresse et nous renversons un piéton qui s'apprêtait à traverser la rue prudemment. Le résultat de cette action est que la victime se retrouve à l'hôpital et nous-mêmes au palais de justice. Cette tragédie affecte les deux familles. L'erreur ou la négligence d'une seule personne peut donc entraîner des conséquences négatives pour beaucoup.

C'est pourquoi Amma dit que personne n'est une île isolée, mais que nous sommes reliés les uns aux autres comme les maillons d'une chaîne. Que nous le voulions ou non, nos actions ont un retentissement non seulement sur nous-mêmes, mais aussi sur autrui.

Deux criminels endurcis sont exilés au loin sur une île déserte. De nombreuses années s'écoulent. Un jour, alors qu'ils sont assis sur la plage et qu'ils se lamentent sur leur sort, la mer apporte une bouteille. L'un d'eux l'attrape et l'ouvre. Immédiatement en sort un génie. Il est si heureux d'être délivré qu'il offre à chacun d'eux d'exaucer un voeu. Le premier dit au génie : « Cela fait des années que je suis sur cette île : je souffre d'être séparé de ma femme et de mes enfants. Je veux retrouver ma famille. » A l'instant même, il se retrouve en famille dans un lointain pays. Après son départ, le deuxième criminel est triste de se retrouver seul. Il dit au génie : « Je n'ai jamais eu ni famille, ni ami dans toute mon existence. Il était mon seul ami, le seul à m'aimer vraiment. Il me manque beaucoup. Tout ce que je souhaite c'est qu'il revienne. » En un rien de temps, le premier criminel réapparaît sur l'île et le génie disparaît.

Le *karma*, à la fois le nôtre et celui des autres est déterminant pour la réussite ou l'échec de telle ou telle entreprise. Pour éviter des souffrances inutiles, il est important de comprendre le rôle qu'il joue dans notre vie.

Quand j'ai passé le baccalauréat, je m'attendais à avoir de bonnes notes. Les résultats sont arrivés et, à ma grande surprise, j'avais échoué à l'une des épreuves. Ce fut un choc, car je pensais avoir fait un bon devoir. A ma demande, on m'accorda une deuxième correction de la copie, après laquelle on m'annonça que j'étais reçu avec mention ! L'enquête que j'ai menée un peu plus tard révéla que le premier correcteur traversait une période difficile. Il s'était disputé avec sa femme et elle était partie avec le voisin, un chauffeur de camion. Le professeur était complètement bouleversé. Chaque fois qu'il entendait le bruit d'un camion, il s'énervait, s'agitait, devenait hystérique, car cela lui rappelait l'homme avec qui sa femme s'était enfuie. Comme il passait beaucoup de camions devant chez lui, il était de plus en plus énervé.

Voilà pourquoi il n'arrivait pas à se concentrer sur son travail, la correction des copies. Son *karma* personnel a donc eu aussi des conséquences sur ma vie.

Ces exemples nous montrent que beaucoup de facteurs peuvent intervenir entre un effort et son résultat. Nous pouvons prier Dieu d'exaucer un de nos désirs, mais cette réalisation dépend de plusieurs facteurs : l'intensité et la sincérité de nos prières, l'effort que nous fournissons, notre *karma* passé et aussi, quelquefois, celui des autres. Nombre de ces facteurs échappent à notre contrôle. Pour que ces derniers nous deviennent favorables, il nous faut la Grâce de Dieu. Nous ne pouvons pas parvenir aux résultats convoités par notre seul effort.

La nature de la souffrance et du chagrin

Tout le monde a sa part de joies et de peines. Du fait de nos pensées, paroles et actions passées, chacun de nous a accumulé un karma. On l'appelle le *prarabdha karma* : c'est tout ce que nous sommes destinés à vivre dans cette existence, que ce soit bon ou mauvais. Il y a trois sortes de *prarabdha* :

1) Celui que l'on peut surmonter en accomplissant des actions positives. On peut le comparer à une tumeur bénigne ou à un cancer sans danger que l'on enlève une fois pour toutes par une simple opération chirurgicale.

2) Celui que l'on peut réduire ou supprimer partiellement en faisant des efforts. Il est comparable à une tumeur maligne que l'on peut enlever mais qui présente un risque de récidive.

3) Celui auquel on ne peut remédier. Il faut le vivre. Amma donne l'exemple du cancer en phase terminale. On ne peut pas en éviter l'issue, on doit la subir.

Quel enseignement transmettent les grands Maîtres comme Amma par leurs vies exemplaires ? Ils montrent au monde comment affronter avec maturité les situations difficiles. Ils nous inspirent l'envie de suivre leur exemple. Beaucoup d'eux ont connu des souffrances atroces et du chagrin.

Nous rappeler comment Jésus a pardonné à ses ennemis à l'heure de la crucifixion, nous donne le courage de supporter toute situation sans haine ni ressentiment.

En dépit de son immense amour et de sa dévotion pour Dieu, Amma a traversé beaucoup de difficultés dans sa jeunesse sans que cela lui cause la moindre déception. Elle a considéré ses épreuves comme une occasion d'apprendre que derrière l'amour humain se trouve toujours un intérêt égoïste. Si cet intérêt est déçu, ce soi-disant amour se change immédiatement en haine. Dieu seul nous aime d'un amour inconditionnel, sans nourrir d'attentes à notre égard. Ayant compris cela, Amma se mit à aimer les gens qui lui causaient des ennuis ou du chagrin. Malheureusement, il nous est très difficile de pardonner à nos ennemis, et encore plus de les aimer. Si nous y parvenons, notre cœur se transformera et deviendra le temple de Dieu.

Dans les épreuves, le comportement d'Amma témoigne de la possibilité de rester centré sur Dieu, même dans les pires circonstances et d'y faire face. Le manque d'amour et d'affection de ses parents ne l'attristait ni ne la perturbait. Elle se disait : « Pourquoi rechercher l'amour d'autrui ? Je n'ai qu'à donner de l'amour à tous. »

Amma n'attend rien de personne. Elle fait simplement son devoir sans se soucier du résultat. C'est cela la vraie spiritualité.

L'ego

Selon les textes sacrés hindous, l'ego est le résultat de l'ignorance de notre véritable nature, le Soi. En sanscrit, on l'appelle *ahamkara*. Ce mot signifie aussi : « le sentiment que notre existence est séparée du reste de l'univers. » Tous nos désirs, toutes nos attentes, nos attachements, nos défauts et même notre karma proviennent de l'ego. L'ego est le sentiment de « moi, je », c'est-à-dire « je fais », « cela me fait plaisir », « Je souffre ». Quelle est notre première pensée au réveil ? C'est « moi ». Toutes les autres pensées en découlent.

Ce sentiment du « moi » est à l'origine de tous nos problèmes. Tant que nous sommes identifiés à l'ego nous avons des désirs, des attentes et des attachements liés à la sécurité et au confort de l'ego. Si ces désirs sont frustrés ou si notre ego est blessé, nous réagissons par la colère, la haine, la peur ou la dépression… Selon Amma, c'est l'ego et ses défauts inhérents qui empêchent la Grâce de Dieu de se manifester en nous. Nous pensons peut-être avoir transcendé l'ego du fait de nos pratiques spirituelles intenses ou de notre *seva* (service désintéressé) assidu. Qui sait, nous nous disons peut-être : « Je fais bien plus de *seva* qu'un tel et je suis bien plus désintéressé que lui. » Il est extrêmement important de se souvenir à quel point l'ego est subtil et malin. Dans le *Mahabharata*, le grand poème épique qui décrit la guerre du Mahabharata, on trouve une histoire illustrant le fait que même des chercheurs spirituels avancés, de véritables dévots, peuvent tomber dans le piège de l'ego.

A la fin de la bataille, dans son char conduit par Krishna, le prince guerrier Arjuna et ses frères, les Pandavas, rentrent au camp. A l'arrivée, Krishna arrête le char et demande à Arjuna de descendre. Mais Arjuna se dit : « C'est moi qui ai combattu et gagné la guerre. Krishna n'était que le conducteur du char, c'est donc lui qui doit descendre en premier. » Il ordonne alors à Krishna de descendre avant lui. Mais Krishna refuse et insiste pour faire descendre Arjuna qui persiste dans son opposition. Krishna lui avait pourtant déjà révélé sa divinité sur le champ de bataille, il lui avait enseigné toute la *Bhagavad Gita* et l'avait sauvé d'une mort certaine.

Bien qu'Arjuna ait déjà fait l'expérience de la divinité de

Krishna, son ego lui joue maintenant des tours, le poussant à penser qu'il est plus grand que Dieu. Cependant Krishna insiste jusqu'à ce qu'Arjuna obéisse et descende du char. Krishna attend patiemment qu'Arjuna s'éloigne un peu avant de descendre lui-même. A ce moment-là, le char s'enflamme. Il a reçu tellement de coups provenant d'armes puissantes pendant la bataille ! C'est uniquement la présence de Krishna qui lui a permis de tenir et d'assurer la victoire d'Arjuna. Voyant cela, Arjuna tombe aux pieds de Krishna et réalise que s'il a gagné le combat, c'est uniquement grâce à la puissance du Seigneur.

En vérité, quoi que nous fassions, nous ne pouvons pas nous débarrasser de l'ego sans être aidé. Selon Amma, l'ego est la seule chose que Dieu n'a pas créée. L'ego est notre propre création et nous ne pouvons pas défaire ce que nous avons fait. Pour cela, nous avons besoin d'un *satguru*. Son devoir principal est justement de supprimer l'ego du disiciple.

Chapitre 2

La Chaîne des Conditionnements

Comprendre le phénomène du conditionnement

Nous cherchons toujours à avoir le travail idéal, l'épouse idéale, le patron idéal, l'ami idéal etc. Mais nous oublions d'être, nous aussi, une personne idéale. Les hommes veulent une femme qui soit aussi chaste que Sita (la sainte épouse de Rama), mais ils ne pensent pas à être aussi droits et vertueux que l'était Rama.

La personne parfaite n'existe pas (à l'exception des Mahatmas et des *satgurus*), pas plus que le travail parfait ou l'épouse parfaite. Chercher la perfection est le meilleur moyen d'être déçu. Rechercher des choses parfaites revient parfois à échanger un problème pour un autre.

Nous espérons résoudre nos problèmes en changeant la situation ou la personne. Cette idée provient des habitudes du passé et de nos conditionnements. Si nous avons eu l'expérience d'un résultat heureux grâce à un changement extérieur, nous croyons que cette statégie sera toujours efficace. Il se peut que notre potentiel de changement personnel pour nous améliorer soit plus important, mais nous nous limitons du fait de ce conditionnement.

Voici un exemple de conditionnement qu'Amma a donné lors de l'Initiative pour la Paix Mondiale des Femmes Chefs religieux et spirituels qui s'est tenue à Genève. Un bébé éléphant est habitué à se promener en toute liberté dans la forêt. Après sa capture, on l'attache à un arbre ou à un poteau solide avec une chaîne robuste. Il tire dessus dans tous les sens pour se libérer, sans succès.

Plus tard, quand il comprend qu'il est inutile de tirer sur la chaîne, il cesse et se tient tranquille. Il est désormais conditionné. Quand il devient adulte, on peut alors l'attacher avec une simple corde à de minces troncs d'arbre ou à des poteaux.

L'éléphant adulte pourrait pourtant très aisément rompre la corde et s'enfuir, mais il ne le fait pas, car il est conditionné à croire que la chaîne est incassable. De même, que nous en soyons conscients ou non, nous sommes victimes en permanence de conditionnements venant de notre milieu, de nos parents, de nos amis, des programmes de télévision ou de cinéma que nous regardons, etc.

Il était une fois un officier à la retraite qui avait mauvais caractère, si bien que les enfants du voisinage ne l'aimaient guère. Ils décidèrent un jour de lui jouer un tour. Alors qu'il revenait du marché portant un panier d'œufs, l'un des enfants lui cria : « Garde à vous ! » Aussitôt, l'officier laissa tomber son panier et se mit au garde à vous sans bouger. Ce geste était dû à son conditionnement antérieur.

Amma dit que pour profiter pleinement de l'existence, il est absolument nécessaire de se libérer des conditionnements du passé. De fait, dans les situations difficiles, les choix sont nombreux. Quand nous sommes confrontés à une crise, notre capacité de faire le bon choix est inhibée car elle est entravée par nos conditionnements.

A cause de ces conditionnements, nous avons tendance à toujours réagir selon le même schéma. La plupart du temps, nous ne sommes conscients ni de nos actes, ni de nos paroles. Si bien qu'au lieu de répondre consciemment aux situations que nous traversons dans la vie, nous réagissons mécaniquement. Nous sommes heureux d'entendre quelqu'un chanter nos louanges, nous pensons même : « C'est vraiment quelqu'un de bien ! » Si l'on nous critique, nous sommes sur la défensive. Si l'on nous insulte ou si l'on se met en colère contre nous, cela nous bouleverse et déclenche parfois notre colère en retour.

Développer des conditionnements positifs

Les conditionnements positifs nous aident à manifester spontanément certaines qualités. Prenons l'exemple de la récitation du mantra. Au départ, nous ne savons même pas ce qu'est un mantra. Puis nous apprenons l'existence d'une chose appelée « mantra ». Un *guru*[3] va nous apprendre ce que c'est, nous initier à un mantra et nous en expliquer la méthode de récitation et de pratique. Au début, nous oublions de le réciter avec régularité car nous ne sommes pas familiers avec cette pratique. Nous devons faire un effort conscient et délibéré pour répéter notre mantra.

Après l'avoir récité régulièrement pendant une longue période, cette activité devient aussi naturelle que le fait de respirer. Nous n'avons même plus besoin de penser à le réciter. Cela se fait tout seul, continuellement, sans efforts et sans qu'on le décide, quoi que l'on fasse, où que l'on soit. C'est devenu une activité automatique. Nous pouvons cultiver ainsi des habitudes positives, une discipline de vie.

La plupart d'entre nous exprimons spontanément et sans aucun effort des défauts comme la colère, l'impatience, la jalousie. Apprenons à les remplacer par les admirables qualités que sont l'amour, la compassion, la patience, la gentillesse, etc. Pour y arriver, il nous faut faire des efforts continus et réguliers. Les Maîtres, comme Amma, manifestent spontanément ces qualités.

Beaucoup de dévots d'Amma font d'ores et déjà preuve de comportements positifs, comme par exemple, saluer d'autres

---

[3] Maître spirituel. Dans ce livre, les mots *guru* et *satguru* (Maître véritable) sont indifféremment utilisés.

dévots en disant « *Om Namah Shivaya* ». Certains saluent même leurs collègues ou leurs amis de cette façon.

On voit des dévots se prosterner devant Amma avant de s'asseoir. Ce geste leur est devenu si habituel qu'ils le font même si Amma n'est pas encore arrivée dans le hall, ou avant de s'asseoir pour manger, lire ou bavarder, etc.

Les Mahatmas sont bien connus pour exprimer spontanément toutes les qualités divines. Il y a des années de cela, j'ai vu Amma manifester ces qualités divines d'une façon remarquable. Vers la fin du *darshan*, entra dans le temple un lépreux du nom de Dattan. Sa peau était couverte de plaies d'où suintaient du sang et du pus nauséabond. Dès que je l'ai vu, j'ai ressenti de l'aversion et j'ai eu peur de la contamination. Ma réaction immédiate fut de quitter le temple en courant. La réponse spontanée d'Amma fut de se lever, de se précipiter vers lui et de le prendre dans ses bras. Elle ne s'était pas posé la question de savoir s'il lui fallait porter des gants ou un masque avant de l'étreindre. C'est avec cette spontanéité que s'expriment ses qualités divines.

Chapitre 3

Rompre les Chaînes du Conditionnement

Tirer des leçons de l'adversité

Si nous dépassons nos conditionnements négatifs, nous pouvons nous aguerrir faisant face à l'adversité. Quand Amma a vécu des moments difficiles avec parents, villageois et famille, elle ne s'est pas effondrée. Au contraire, elle a utilisé ces situations hostiles pour comprendre la nature du monde et le côté superficiel de l'amour humain. Sa famille trouvait excentriques son comportement et sa façon de louer Dieu en permanence et ils s'y opposaient. Bien qu'elle fut aimable avec tout le monde, elle était rarement gratifiée d'un mot gentil ou d'un compliment. Au lieu de rechercher l'amour et l'affection d'autrui, Amma s'est tournée vers Dieu, de tout son cœur et de toute son âme. Elle a appris à ne rien attendre de qui que ce soit. Elle faisait ce qu'elle avait à faire et laissait à Dieu le soin de s'occuper du reste. Comme elle connaissait la nature égoïste et égocentrique des êtres humains, elle n'en aimait pas moins les personnes qui la faisaient souffrir.

Amma sait que l'ami d'aujourd'hui peut devenir l'ennemi de demain et inversement. Par conséquent, elle ressent autant d'amour et de compassion pour ceux qui la critiquent que pour ceux qui lui adressent des louanges.

En fait, beaucoup de ceux qui, dans les premières années, causaient des ennuis à l'ashram et à Amma, sont maintenant les bénéficiaires de ses différentes activités caritatives. Certains aident Amma dans la réalisation de ses œuvres au service d'autrui.

On dit qu'il n'est pas de meilleur maître que l'expérience. Peu importe le temps que nous passons auprès du Gourou, tant que nous ne tirerons pas les leçons de nos expériences, nous ne ferons aucun progrès spirituel. Amma donne l'exemple des leçons de natation. Quand nous apprenons à nager, il vient un moment où le professeur nous lâche pour nous obliger à nager tout seul. Ainsi, nous acquerrons la confiance et le courage de nager par nous-mêmes. De même, parfois, il se peut que le *guru* nous fasse passer par des épreuves ou des péripéties dans le but de développer notre habileté, notre force et notre aptitude à faire le bon choix.

Ne pas faire le bon choix, non seulement nous prive d'une bonne occasion, mais crée en nous des émotions négatives qui finissent par engendrer beaucoup de stress et de tension. J'aimerais illustrer ce point en vous relatant un petit incident qui remonte à mes débuts auprès d'Amma. A cette époque, Amma apparaissait en *Krishna Bhava* puis en *Devi Bhava*. Deux groupes de *brahmacharis* chantaient, l'un pendant le *Krishna Bhava* et l'autre pendant le *Devi Bhava*.

Nous étions deux à commencer tout juste à prendre des leçons de *tabla* (une sorte de tambour souvent utilisé dans la musique indienne). Comme c'était le début de notre apprentissage, chacun de nous désirait ardemment en jouer le plus souvent possible, et nous le faisions à tour de rôle en présence d'Amma.

Nous étions peu nombreux et Amma invitait souvent l'un de nous à s'asseoir à ses côtés pendant qu'elle donnait le *Devi Bhava*, ce qui était une merveilleuse occasion de méditer. Un jour, c'était mon tour de jouer des tablas pendant le *Devi Bhava* mais avant de commencer, je suis allé au darshan avec l'idée de jouer immédiatement après. Quand je me suis présenté devant Amma, elle m'a fait asseoir à côté d'elle. J'étais perplexe. Je voulais jouer des tablas mais j'avais l'occasion de méditer près d'Amma. Je ne voulais pas lui désobéir, alors je me suis assis.

Dès le début de ma méditation, j'ai entendu les *bhajans* (chants dévotionnels) commencer et le *brahmachari* qui avait déjà eu son tour reprendre les tablas. J'étais complètement perturbé et contrarié ! J'ai senti la colère monter en moi. Comment osait-il prendre mon tour ? Mais je ne pouvais pas me lever et m'expliquer avec lui puisqu'Amma m'avait dit de rester assis près d'elle. Dans ma tête se déroulait non pas une méditation mais un combat contre ce *brahmachari*. Une demi-heure passa. Mes yeux avaient beau être fermés, je ne méditais pas. Soudain, j'ai senti qu'on me tapait sur la tête comme sur un tabla. J'ai ouvert les yeux et j'ai vu que c'était Amma. Elle m'a demandé ce que j'étais en train de faire. Avant que j'aie eu le temps de lui répondre, elle m'a envoyé jouer des tablas. Elle savait bien que je ne pensais qu'aux tablas et à ma contrariété. Il n'y a pas de meilleure ambiance pour méditer que d'être assis près d'Amma pendant le *Devi Bhava*, mais j'avais raté l'occasion à cause de mes émotions négatives.

Si Amma s'était trouvée dans une situation analogue, les choses se seraient déroulées autrement. Elle aurait fait un autre choix. Elle se serait concentrée sur la méditation plutôt que sur son regret des tablas et sur sa colère.

Il y a toujours une leçon à tirer de toute expérience, agréable ou désagréable. C'est l'avantage d'avoir un corps humain doté d'intelligence et de discernement. Regardons la vie qu'a menée Amma : Elle a profité de chaque événement, apparemment malheureux ou triste, non seulement pour en tirer une leçon, mais aussi pour se rapprocher de Dieu.

Avant même la création de l'ashram, Amma était déjà bien connue pour les durs travaux qu'elle accomplissait. Elle travaillait sans arrêt de quatre heures du matin jusqu'à onze heures du soir, voire minuit. Aux lourds travaux ménagers de la maison paternelle, s'ajoutaient les tâches qu'on l'envoyait remplir chez de proches parents. Certains de ceux-ci habitaient fort loin de chez Amma.

Pendant une courte période, ses parents lui ont donné l'argent pour payer le trajet en bateau sur la lagune. Ce voyage en bateau lui plaisait beaucoup. Elle accompagnait le bruit du moteur en chantant « *Om* ». Elle contemplait les rides à la surface de l'eau et s'oubliait en Dieu complètement. Elle utilisait chaque moment de sa vie pour se relier à Lui.

Puis ses parents décidèrent de ne plus lui donner d'argent. « Tu n'as qu'à y aller à pied, nous ne pouvons plus payer le bateau. » Cette décision n'a pas contrarié Amma le moins du monde : « Très bien, alors je marcherai. » Il lui fallait faire huit à dix kilomètres, mais elle préfèrait la marche à pied au bateau. Le trajet lui prenait trois fois plus de temps, mais elle était très heureuse d'être seule aussi longtemps. Elle pouvait ainsi marcher dans la solitude le long de la plage ou de la lagune, réciter davantage les mantras ou prier. Elle a transformé à son avantage une situation apparemment négative.

Ce genre de situations est fréquent et, en usant de notre discernement, nous pourrions les utiliser à notre avantage. Nous ne pouvons pas dicter au destin les expériences souhaitables ou non, c'est hors de notre contrôle. Mais nous avons le pouvoir de faire preuve de sagesse et de tourner chaque situation à notre avantage.

Une femme avait beaucoup de problèmes, autant chez elle que sur son lieu de travail. Chaque fois que quelque chose allait de travers au bureau, elle sortait une photo de son sac et la contemplait pendant un moment. Puis, calmée, elle se remettait au travail. Une collègue observant son manège plusieurs jours de suite, lui demanda : « Qui est-ce ? Comment se fait-il que sa photo te donne autant de force et de paix ? S'agit-il de ton Maître spirituel, de ton acteur préféré ou d'un joueur de base-ball ? »

« Non, pas du tout. C'est la photo de mon mari », répondit la femme.

« Oh ! C'est vraiment merveilleux, je ne savais pas que tu l'aimais autant ! »

« Je ne l'aime pas, mais quand j'ai un problème, que je perds mon calme, il me suffit de regarder sa photo pour que tous les problèmes deviennent insignifiants et gérables comparés à ceux qu'il me pose. »

Bref, cette femme savait relativiser les situations difficiles et les utiliser pour acquérir de la résistance.

Dompter l'éléphant sauvage

Quand nous sommes arrivés auprès d'Amma, au début, nous ne savions pas comment nous comporter avec un gourou, ni quelles marques de respect nous devions Lui témoigner. Ce n'est qu'après avoir commencé à étudier les textes sacrés que nous avons compris la grandeur du gourou et le code de conduite à adopter dans notre relation avec Lui. Amma ne nous avait jamais rien dit de la grandeur d'un gourou, nous n'avions donc aucun moyen d'en avoir une idée.

Elle n'a jamais dit : « Vous devez me respecter. », ni « Prosternez-vous devant moi. », ni « Vous devez vous conduire comme ceci ou comme cela avec moi. » Il fallait que nous l'apprenions, mais ce n'est pas elle qui nous l'a enseigné. Nous lui désobéissions parfois ou lui manquions de respect. Nous nous sommes même mis en colère contre elle. Mais Amma, avec compassion et compréhension, nous acceptait tels que nous étions, avec nos défauts. Chaque fois que nous commettions une erreur, ou que nous lui désobéissions, elle se contentait de sourire ou de garder le silence. Elle n'essayait pas de nous imposer une discipline. Plus tard, quand nous avons réalisé les erreurs commises, nous sommes allés lui demander pardon.

Un jour, Amma me dit quelque chose, je ne suis pas d'accord et je commence à discuter. D'habitude, quand on discute ce qu'elle dit ou qu'on lui désobéit, elle ne s'y oppose pas. Or ce jour-là, Amma réplique, à mon grand étonnement : « Non, ce que tu dis n'est pas juste. » Je ne suis pas d'humeur à fléchir et je finis par crier très fort. Soudain, Amma se lève et va dans sa chambre. Je ne veux pas en rester là, car je veux être vraiment sûr d'être le gagnant du conflit. Je me lève donc pour la suivre. Elle entre dans sa chambre et ferme la porte, mais pas complètement. Elle s'assied et commence à méditer. Je ne peux plus continuer la discussion. J'attends à la porte, pensant qu'elle sortira d'ici peu et que je pourrai reprendre la dispute au point où j'en suis resté. J'attends un quart d'heure, rien ne se passe. Trois quarts d'heures plus tard, Amma ne sort toujours pas, elle médite encore. Je n'ai pas la patience d'attendre davantage. De plus, je ne veux pas déranger Amma pendant sa méditation. Je me dis que je continuerai la discussion plus tard.

Amma ne sort de sa chambre que deux heures et demie plus tard. Or, pendant ce temps, je suis allé dans une ville voisine pour un travail à effectuer. Je pense toujours que ce que j'ai dit à Amma est justifié et que je vais le lui prouver. Bien que j'aie l'esprit rempli de colère et d'arrogance, je ne peux m'empêcher d'être étonné de voir Amma méditer comme si de rien n'était, après une si vive dispute.

Lentement mais sûrement, l'amour avec son infinie patience finit par vaincre la colère et mon esprit s'apaise. Deux semaines s'écoulent avant que j'aie l'occasion de me retrouver en face d'Amma. Je lui demande pardon pour ma conduite et lui dis : « Amma, après notre chaude discussion, tu as été dans ta chambre et tu t'es absorbée en méditation. Alors que moi, je me suis battu pendant dix jours avant d'arriver à méditer. Dès que je fermais les yeux, je ne pensais qu'à trouver le moyen de de te vaincre dans cette altercation. J'ai médité sur ce sujet pendant dix jours ! Je n'ai même pas pu réciter mon mantra en paix une seule fois.

Comment fais-tu pour être capable de méditer immédiatement après une dispute comme si de rien n'était ? » Amma répond : « Dès que j'ai vu que je perdais mon temps à discuter avec un gars aussi borné que toi, mon esprit s'est introverti. Il ne m'a fallu qu'un quart de seconde pour entrer en moi. » Alors que moi, dix jours plus tard, je n'ai pas encore réalisé que ma négativité gênait ma méditation. Il faut des années avant de s'en apercevoir, parfois même plusieurs vies. Grâce au Maître, on s'en rend compte plus rapidement.

Amma compare la colère à un couteau sans manche. Ce dernier blesse à la fois la victime et son agresseur. Nous connaissons bien les dégâts de la colère sur le corps et le mental, ainsi que sur la vie de famille et la société tout entière. La colère déclenche une sécrétion d'hormones destructrices dans le corps. Le corps brûle comme s'il était en feu et la colère ravage le système immunitaire. Ce que nous savons peut-être moins bien, c'est que la colère peut allonger la chaîne du *karma* et faire obstacle à la Grâce de Dieu qui ne peut plus nous atteindre. Quand notre ego est blessé, notre première réaction est la colère. Sous son emprise, nous parlons et agissons sans discernement. Il peut même arriver que nous blessions une personne innocente. Amma dit que si un innocent subit notre colère, il peut se plaindre à Dieu en pleurant : « Mon Dieu, je n'ai rien fait de mal, pourquoi me traite-t-on de la sorte ? » Les vibrations de ce désespoir finiront par nous atteindre et assombrir notre aura comme la suie noircit le verre. De même que la lumière ne traverse pas une vitre noire de fumée, de même ces impressions vont bloquer l'accès de la Grâce de Dieu et nous empêcher de la recevoir. Amma dit également que la colère nous fait perdre de l'énergie par tous les pores de la peau. C'est ainsi qu'est gaspillée en pure perte une grande quantité d'énergie spirituelle chèrement acquise.

Si nous avons l'habitude de nous mettre en colère, la prochaine fois que nous la sentons monter, essayons de la réfréner. En cultivant l'attention et la patience, nous arriverons progressivement à la surmonter.

Dans cet effort pour transcender la colère, commencez par entraîner le mental à reconnaître d'abord les aspects négatifs de la colère. Ensuite, observez comment votre colère se manifeste dans des situations variées. Le simple fait de l'observer, comme un témoin neutre et distinct, relâche l'emprise qu'elle exerce sur nous. Tant que nous nous identifions aux émotions telles que la colère, la convoitise et la peur, nous ne pourrons jamais les contrôler. Nous devons mettre de la distance entre l'émotion du mental et nous-même.

Maîtrisons d'abord nos manifestations de colère, gestes ou paroles, comme si nous domptions un éléphant sauvage ou un cheval fougueux. Puis, nous pourrons observer la colère au moment où elle émerge dans le mental et rester simplement témoin de l'émotion qui monte et retombe. Nous regarderons la colère, tout comme sur la plage nous voyons s'élever et descendre les vagues de l'océan. Nous finirons ainsi par nous libérer totalement de son influence néfaste.

Emotions instables, amour constant

Si Amma manifeste souvent des émotions humaines, c'est uniquement pour que nous nous sentions plus proches d'elle. Elle peut verser des larmes en écoutant les problèmes d'un dévot et l'instant d'après, rire et partager la joie d'un autre. Si après avoir pleuré sur les malheurs de l'un, Amma continuait à verser des larmes, lorsque le suivant arrivait en lui disant : « Aujourd'hui, c'est mon anniversaire ! », que ressentirait-il ? Amma agit comme un miroir, elle reflète l'état d'esprit de chaque personne qui vient la voir. Il se peut qu'Amma se mette en colère contre quelqu'un pour les erreurs qu'il a commises, mais l'instant d'après, elle le prend dans ses bras, alors qu'il nous faut, à nous, plusieurs jours avant de pouvoir embrasser celui contre lequel nous sommes vraiment en colère. Amma a le pouvoir de passer d'une émotion à l'autre à volonté. D'une main, elle tient le crayon avec lequel elle écrit dans son mental et de l'autre, la gomme avec laquelle elle efface. Peut-être croyons-nous qu'Amma ne nous aime pas quand elle est en colère ou contrariée. Ce n'est pas le cas. Simplement, elle dit ce que nous avons besoin d'entendre pour notre progrès spirituel, puis elle passe à autre chose. Elle n'est pas attachée à sa colère. Les émotions d'Amma ne durent pas plus qu'un trait tracé dans l'eau. Combien de temps persiste-t-il ? Quoi qu'il en soit, je veux insister sur ce point : ce n'est pas parce qu'Amma ne s'attache pas à ses émotions, qu'elle ne se soucie pas de nous et qu'elle ne nous aime pas.

Dès que vous avez reçu votre *darshan*, Amma est prête à accueillir les émotions de la personne suivante. L'amour d'Amma est vaste comme l'océan, toutes les émotions qu'elle exprime en sont les vagues, l'écume, les embruns. Ce n'est que de l'eau, sous une forme et un aspect différents. De même, chacun des gestes d'Amma, chacune de ses paroles est amour pur. Nous pouvons arriver à ce stade, mais cela exige une pratique, une attention et une vigilance colossales.

Quand l'émotion nous submerge, nous ne pouvons aider personne, même pas nous-mêmes. Une fois que nous sommes capables de transcender émotions et négativités, nous pouvons aider beaucoup de gens.

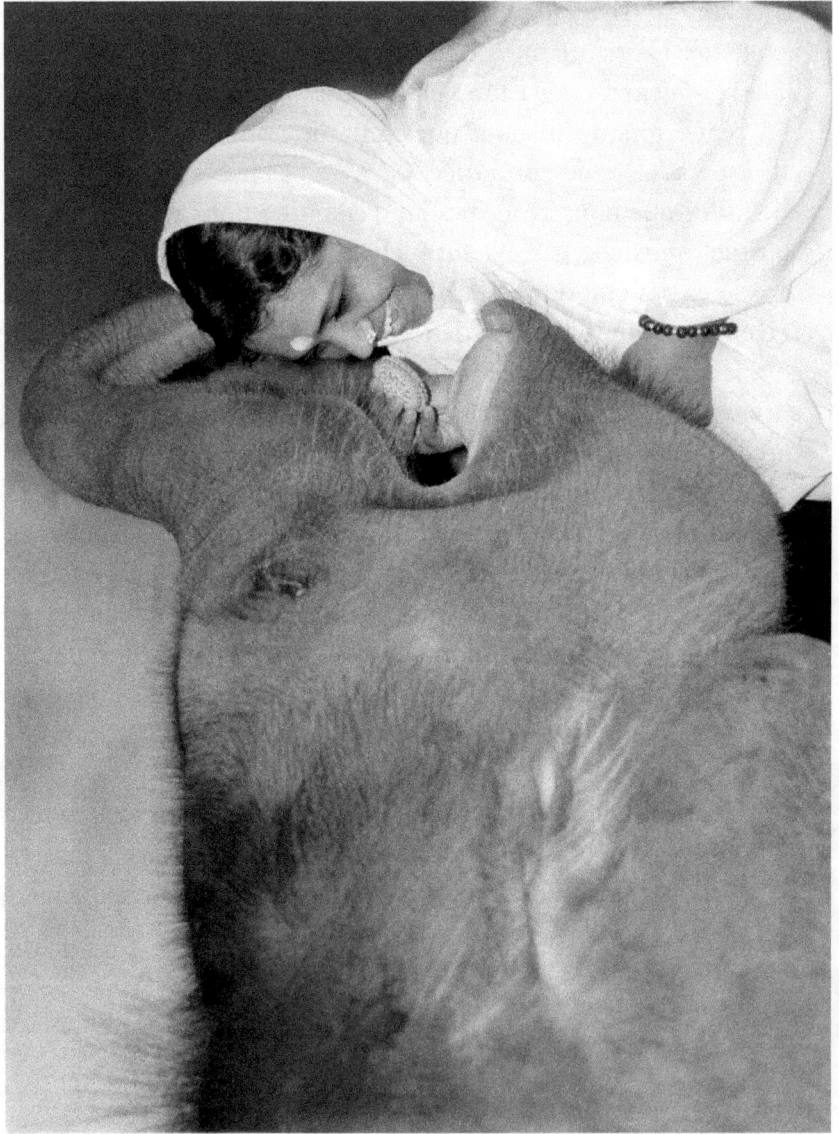

Chapitre 4

L' amour d' Amma

Le but de l'existence d' Amma

Quand Amma était jeune, elle allait chez les voisins chercher des restes de nourriture (essentiellement des épluchures de manioc) pour nourrir les vaches de sa famille. Elle s'était rendue compte que dans beaucoup de maisons les enfants étaient sous-alimentés. Ils dormaient en position fœtale car ils souffraient de la faim. Ailleurs, elle trouvait des vieillards complètement négligés par leurs enfants. Elle voyait aussi beaucoup de gens malades qui n'avaient pas les moyens de s'acheter les médicaments nécessaires.

A voir tant de misère, Amma était en colère contre la Nature. Pour protester contre toute la souffrance existant dans le monde, elle voulait se tuer en s'immolant par le feu.

Elle a entendu alors une voix intérieure lui dire que les gens souffraient à cause du destin qu'ils s'étaient forgé par leurs actions passées. La voix a continué : « Tu n'es pas venue au monde pour abandonner ton corps de cette façon. Des millions de gens ont besoin de toi pour les aider et les guider. Le but de ton existence est de les servir. A travers eux, c'est Moi, la Vérité Ultime, que tu sers. »

Amma en a pris acte : « Si leur destin est de souffrir, mon devoir est de les aider. »

L'Amour divin dans un corps humain

« La voici debout devant nous,
Amour divin dans un corps humain. »

– Jane Goodall, lors de la remise à Amma du prix
Gandhi-King 2002 pour la Non-Violence.

Peu de temps après mon entrée à l'ashram, un des résidents fut surpris en train de voler. Nous en avons informé Amma, mais elle n'a pris aucune mesure. Quelques mois plus tard, il fut à nouveau pris sur le fait et encore une fois, Amma n'a pas réagi. Cela suscita la colère de plusieurs d'entre nous et nous avons voulu discuter du problème avec Amma.

L'idée que ce garçon reste à l'ashram me contrariait énormément. Je savais que si j'abordais le sujet avec Amma, elle défendrait le voleur par compassion et par amour. Je risquais donc de me disputer avec elle, car j'étais en désaccord total. J'ai donc choisi de lui écrire une lettre, dans laquelle je lui expliquais que je pourrais éventuellement quitter l'ashram si elle ne le renvoyait pas.

Après avoir lu ma lettre, Amma m'appela pour me dire : « Tu es sûrement quelqu'un de bien. Tu sais peut-être reconnaître le bien du mal et tu peux aller dans un autre ashram si tu veux pour poursuivre ta pratique spirituelle. Mais ce pauvre garçon, lui, ne sait pas distinguer entre le bien et le mal. Si je ne lui donne pas assez d'amour, si je ne le guide pas comme il faut, si je ne le corrige pas avec affection, qui va l'aider ? Il risque de finir en prison. Je le garderai ici, même si vous deviez tous quitter l'ashram. »

En entendant ces paroles, le garçon qui avait été pris en train de voler s'est mis à pleurer ; de grosses larmes coulaient sur ses joues. A partir de ce moment-là, transformé, il n'a plus volé.

La compassion et l'amour divins d'Amma nous rendent plus forts, nous nourrissent et clarifient notre mental quand nous sommes détendus en sa présence. Beaucoup arrivent à se libérer de dépendances, d'attachements, de soucis ou de problèmes grâce à la force de son amour. L'amour véritable n'exclut personne mais accepte chacun. Amma dit : « Rejeter quelqu'un, cela reviendrait pour moi à rejeter mon propre Soi car je ne suis séparée de personne et personne n'est séparé de moi. » Amma ne peut qu'aimer tout le monde. Elle ne peut pas haïr. »

Tout comme la chaleur et la lumière sont la nature du soleil, l'amour et la compassion sont celle des grands Maîtres. L'usage que nous en faisons dépend de nous. Il est dans la nature d'une rivière de couler. Nous pouvons en boire l'eau, nous y laver, nous asseoir sur sa rive et profiter de sa fraîcheur ou même y plonger. La rivière ne s'en soucie guère, elle coule toujours. Amma, de même, donne sans cesse.

On dit qu'en présence d'une personne établie dans l'amour suprême, même les animaux agressifs et féroces à l'égard des autres créatures perdent leur agressivité et deviennent doux.

Un jour, un chien familier d'Amma est devenu subitement fou. Il a quitté l'ashram en courant et a mordu plusieurs personnes. Comme les gens le pourchassaient pour l'abattre, il est revenu à l'ashram. De son museau coulait une bave écumeuse. Les gens criaient : « Il est enragé, tuez-le, tuez-le ! » Certains se sont enfuis à bonne distance.

Je criais : « Ne courez pas, ne courez pas, ne vous faites pas de soucis ! Amma va s'en occuper ! » Mais, inquiet pour ma propre sécurité, je me suis sauvé avec les autres ! J'ai couru le plus vite possible.

Le bruit et l'agitation ont fait sortir Amma de sa hutte. Elle s'est rendu compte instantanément de la situation et s'est dirigée vers le chien en l'appelant : « *Mon, Mon* ! », ce qui signifie : « Mon fils, mon fils ! »

Nous étions quelques-uns à lui crier de se protéger : « Eloigne-toi Amma, s'il te plaît. C'est un chien enragé, il va te mordre. »

Amma n'a prêté aucune attention à nos avertissements. Elle a continué à s'avancer vers le chien. Contrairement à ce que nous redoutions, il est resté tranquille, comme hypnotisé et Amma lui a caressé le dos. Elle a demandé à quelqu'un d'aller chercher de la nourriture à la cuisine. Celui qui l'a fait avait peur de s'approcher du chien et a tendu la gamelle à Amma en restant à distance. Amma l'a prise, a nourri le chien de sa main et a mangé les restes souillés de la bave du chien.

Nous étions tous terrifiés en regardant ce que faisait Amma. Nous avions peur qu'elle attrape la rage. Amma a ignoré nos mises en garde et notre inquiétude. Nous insistions tous pour qu'elle se fasse vacciner contre la rage, mais elle a refusé. Le chien est mort en quelques minutes, prouvant ainsi qu'il avait bien la rage. Curieusement, rien n'est arrivé à Amma…

J'ai été complètement bouleversé par ce spectacle. Curieux de savoir pourquoi Amma avait mangé les restes du chien, Je lui ai posé la question. Sa réponse m'a fait monter les larmes aux yeux : en partageant sa nourriture, elle a mis fin au karma du chien une fois pour toutes. Ainsi son âme est libérée et n'aura plus besoin de se réincarner. Le chien malade de la rage a ressenti l'amour d'Amma qui l'a apaisé.

Même nos soi-disant amis, même notre famille ne peuvent nous aimer comme Amma. Amma nous explique que : « même si nous avons fait cent bonnes actions et une seule de mauvaise, les gens vont nous rejeter pour cela. Mais Amma nous accepte, même après cent mauvaises actions et aucune bonne. »

L'histoire suivante de deux amis randonneurs illustre les limites de l'amour que nous portons à nos proches. Au cours d'une excursion, nos promeneurs aperçoivent un gros ours sur le point de les attaquer. L'un des deux ouvre promptement son sac et en sort une paire de chaussures de course. Il change de chaussures. L'autre lui dit : « Hé, tu n'arriveras jamais à courir plus vite que l'ours. A quoi bon mettre des chaussures de course ? » Son compagnon lui répond : « Qui parle d'aller plus vite que l'ours ? Il me suffit de courir plus vite que toi! »

Ceci est un exemple d'amour humain ordinaire. Quand nous sommes en danger, nous ne nous préoccupons plus de nos proches. Aucun de nous ne serait prêt à donner sa vie pour un ami mourant.

Voilà pourquoi Amma dit : « N'attendez rien de ce monde, ni des gens du monde, parce que l'amour désintéressé est très rare.» Les attentes mènent à la déception et à la frustration. Il est ridicule de s'attendre à recevoir des manifestations d'amour pur et constant de la part d'un monde inconstant et égoïste.

Gentillesse

adveṣṭā sarva bhūtānāṁ maitraḥ karuṇa eva ca
nirmamo nirahaṁkāraḥ samaduḥkhasukhaḥ kṣamī

*« Ceux qui montrent de la gentillesse et de la compassion
envers tous, qui n'ont pas un brin de haine,
qui sont dépourvus de possessivité et d'arrogance,
toujours satisfaits et contemplatifs,
équanimes dans le bonheur et le malheur,
Ceux qui ont ces qualités, me sont chers. »*

Bhagavad Gita, chapitre XII, verset 13

Une nouvelle dévote vient présenter un de ses problèmes à Amma : «Amma, tu dis toujours aimer tout le monde. Malheureusement, j'en suis incapable. Je n'arrive pas à aimer de tout mon cœur. Que faire ? »

Amma lui répond gentiment : « Ma fille, ne te tracasse pas. Contente-toi de ne détester personne. Tu finiras par aimer tout un chacun. »

Celle-ci s'exclame ensuite : « J'ai posé cette question à plusieurs personnes, même à des psychologues. Personne n'a pu me donner une réponse satisfaisante et pratique. Quand Amma m'a dit cela, je me suis sentie soulagée d'un grand poids. »

Maitri ou l'amabilité envers tout être vivant est un trait caractéristique important du dévot véritable. Nous avons déjà vu que ce dernier n'éprouve aucune haine pour ses frères dans le monde. Avec le mot « maitri », Krishna précise clairement l'attitude spécifique du dévot authentique : non seulement une absence de haine mais aussi un sentiment positif et vibrant d'amitié et de fraternité envers tous les êtres vivants, car le dévot voit vraiment Dieu dans toute la création.

La *Srimad Bhagavatam*[4] dit que vénérer le Seigneur uniquement sous la forme d'une image est le fait du dévot primitif. Le vrai dévot vénère et sert Dieu dans chaque aspect de la création. Une disposition amicale envers tous les êtres jaillit de l'amour pur qui habite le véritable dévot. Cette affection lui vient spontanément et naturellement.

Par contre, l'amitié que nous manifestons d'habitude est influencée par nos sentiments d'attraction et d'aversion et généralement soumise à des considérations de caste, de religion, de richesse, de statut social, etc. Elle repose la plupart du temps sur l'égoïsme et l'intérêt mutuel. Le profit personnel est la motivation essentielle des amitiés humaines. Quand des hommes d'affaires manifestent quelque sympathie envers des clients, ce n'est qu'une attitude superficielle. Ils se comportent amicalement tout en surveillant les bénéfices que le client leur rapporte. S'ils pensent ne rien obtenir d'un client par une attitude amicale, leur enthousiasme s'éteint et toute sympathie s'évanouit.

---

[4] La *Srimad Bhagavatam* décrit en détail les dix incarnations successives de Vishnou, en particulier Krishna et ses jeux d'enfant. Elle représente la dévotion suprême. *Srimad* signifie « de bon augure, sous de bons auspices ».

Je me souviens d'une histoire révélatrice de la nature de l'amitié ordinaire dans le monde d'aujourd'hui.

Un jour, à la demande de sa mère, un jeune garçon va vendre un plein panier de tomates au marché. Elle lui indique également le prix auquel il est censé les vendre. Il s'installe et vend ses tomates. Des amis viennent lui en acheter et il leur fait une réduction. Quand il rentre à la maison, il a fait un joli bénéfice. Sa mère sachant qu'il a fait un prix spécial à ses amis lui demande comment il s'est arrangé pour faire un tel bénéfice. Il répond : « Je leur ai vendu le kilo de tomates à un prix d'ami, puisque ce sont mes amis, mais comme je suis leur ami, j'ai retiré quelques tomates de la balance. »

Le sentiment amical d'un dévot envers les autres est universel et pur de toute considération égoïste. Dans l'un de ses poèmes, le grand Maître Adi Sankaracharya le décrit ainsi : « Shiva et Parvati sont mes parents, tous les dévots du Seigneur, ma famille, et les trois mondes, ma patrie. » Tulsidas, bien connu pour sa traduction en hindi du *Ramayana,* dit également : « Le dévot du Seigneur est un vrai brahmane même s'il est né dans une basse caste. » Une amitié profonde unissait Rama au batelier Guha. Krishna, de souche royale, et Sudama, un brahmane pauvre, étaient aussi de proches amis. Tous ces exemples montrent que les grandes âmes ont manifesté leur amitié sans se soucier des diviions sociales étroites.

Un dévot du Seigneur répand, par sa simple présence, des vibrations d'amitié et d'amour autour de lui. Celles-ci ne se limitent pas aux êtres humains, mais s'étendent à la création tout entière.

On raconte une légende sur l'un des ashrams de Adi Sankara-charya, situé à Sringeri, dans le Sud de l'Inde, au bord de la rivière Tunga. Adi Sankaracharya qui parcourait l'Inde de long en large, se rendit un jour à Sringeri. En longeant le rivage de la Tunga, il fut surpris par un spectacle inhabituel. Le capuchon déployé, un cobra se tenait devant une grenouille pleine pour la protéger du soleil brûlant. Adi Sankaracharya s'est assis immédiatement pour méditer sur ce phénomène surprenant afin d'en comprendre le sens. Il eut alors la perception qu'autrefois vivait dans ce lieu un grand sage. Celui-ci aimait tous les êtres, il aimait les animaux sauvages, les serpents et les oiseaux comme ses propres enfants. Sa présence a sanctifié les lieux et l'inimitié naturelle entre des animaux d'espèces ennemies a cédé la place à l'amour et à l'amitié. La grandeur du *rishi* (sage) était telle que des siècles plus tard, les sentiments amicaux l'emportaient toujours sur l'instinct.

Cet aphorisme du sage Patanjali exprime la vérité :

**ahimsā pratiṣṭhāyām tat
saññnidhau vairatyāgaḥ**

Toute inimitié s'efface en présence d'un être établi dans ahimsa (la non-violence).

La vie que mène Amma est une lumineuse illustration de la *maitri* universelle. Elle est l'incarnation de la mère universelle et aime à la perfection chacun, riche ou pauvre, vieux ou jeune, malade ou non, sans distinction. L'amour qu'elle donne est si spontané et naturel que chacun ressent qu'Amma est sienne. Personne n'est un étranger pour elle. Même le pire des pêcheurs, même le cœur le plus endurci fondent devant l'amour et la gentillesse d'Amma.

Il y a quelques années, au cours d'un festival dans un temple célèbre du Kérala, une bagarre éclata entre deux groupes de gens et l'enceinte du temple se transforma en champ de bataille. Le couvre-feu fut imposé. La police arriva et utilisa la force pour disperser la foule. Beaucoup de gens furent blessés. L'un des officiers de police était dur et brutal, il frappait sans pitié. Il se trouve qu'il était également de service lors de l'inauguration.de l'hôpital

AIMS (l'Institut Amrita de Sciences Médicales et de Recherches) à Cochin dans le Kérala, Un important dispositif de sécurité avait été mis en place car le Premier Ministre de l'Inde, le Gouverneur du Kérala et d'autres personnalités politiques assistaient à l'événement. Ce policier n'avait jamais vu Amma de sa vie et n'était pas un de ses dévots. Il n'était là que par devoir professionnel. Dès qu'il aperçut Amma, il oublia tout protocole. Il jeta sa casquette, enleva ses chaussures et tomba aux pieds d'Amma. Normalement, un officier de police ne se conduit pas ainsi devant ses supérieurs sans leur autorisation. Cet homme ne respectait aucun règlement, tellement l'impact de la présence d'Amma le bouleversait. Il n'avait aucune pratique spirituelle et était bien connu pour sa dureté. Si un policier aussi rude peut ressentir l'amour et la compassion d'Amma au premier coup d'œil et en être transformé, cela ne doit pas être difficile pour nous non plus!

L'amour d'Amma ne se limite pas à l'humanité, il embrasse la totalité des êtres vivants. Quand elle effectuait une *sadhana* (pratique spirituelle) intense, les chiens, les chats, les vaches, les chèvres, les serpents, les écureuils et les oiseaux recherchaient sa compagnie et sont devenus ses amis intimes. A l'époque où Amma a été abandonnée par sa famille et ses proches, farouchement hostiles à sa vie spirituelle, ce sont les animaux qui se sont occupés d'elle, par tous les temps.

Quand Amma avait faim, un chien lui apportait quelque chose à manger, ou bien un aigle laissait tomber près d'elle un poisson. Un jour qu'elle avait très soif au sortir de sa méditation, en ouvrant les yeux, elle a vu une vache qui lui présentait le pis pour qu'elle puisse à l'aise boire son lait. En fait, cette vache s'était échappée d'une maison située à six kilomètres de là. Quand Amma était plongée dans un profond *samadhi* (un état transcendant dans lequel on perd tout sens d'une identité individuelle), les serpents s'enroulaient autour de son corps pour la ramener à une conscience ordinaire. Quand elle était en extase priant Dévi avec ferveur, oublieuse du plan matériel, alors un chien se frottait contre elle et lui léchait le visage et les membres pour lui faire reprendre conscience.

Quand on interroge Amma sur ces épisodes, elle répond : « Celui qui est libre de tout attachement et de toute aversion, atteint l'état d'équanimité et même les animaux agressifs deviennent amicaux envers lui. » Aujourd'hui encore, on voit souvent des animaux et des oiseaux faire preuve de familiarité et d'amitié envers Amma.

Quand elle s'adresse à ses enfants, Amma dit souvent ceci: « Aimer réellement Amma c'est aimer tous les êtres du monde également ». Cette phrase est révélatrice de sa *maitri*, sa compassion universelle et sa totale identification à la création entière.

La Vérité ou l'Amour

Les villages voisins de l'ashram comptent beaucoup de communistes et d'athées. Ils n'ont jamais accepté le développement d'un ashram dans leur voisinage. Dans les premiers temps, ils ont fait tout leur possible pour le détruire. Ils arrivaient en groupe, manifestaient, criaient des slogans, allant même, parfois, jusqu'à nous jeter des pierres.

Un petit groupe de ces semeurs de troubles créa un jour un incident. Ils jetaient des pierres à l'intérieur de l'ashram. Pris de colère, nous voulions nous battre contre eux. Mais Amma nous en a empêché : « Non, non, restez tranquilles. Tout ira bien. »

Un *brahmachari* fut alors frappé par une petite pierre et Amma en fut bouleversée. Cela lui faisait mal au cœur de voir que ce garçon innocent, qui avait pris refuge à ses pieds, avait été blessé sans raison, même si le mal n'était pas grand.

Dans la grande épopée du *Mahabharata*, on trouve un épisode intéressant, un conflit entre l'amour et la vérité. Bhishma, le puissant chef militaire des Kauravas est un grand dévot de Krishna. Les circonstances l'amènent à se battre contre Arjuna, lui aussi dévot de Krishna et sous la protection de ce dernier. Krishna déclare qu'il ne participera pas à la bataille, qu'il ne fera que conduire le char d'Arjuna. A la promesse du Seigneur, Bhishma répond à son tour par un serment, celui d'obliger Krishna à prendre les armes. Il se bat donc férocement contre Arjuna et Krishna. Malgré ses blessures, Krishna, impassible, garde son doux sourire. Alors Bhishma change de stratégie et, pour obliger Krishna à prendre les armes, il se met à arroser Arjuna d'une pluie de flèches. Celui-ci a beau être un valeureux guerrier, il ne peut rivaliser avec l'habileté et l'expérience du vieux chef de guerre.

Arjuna, incapable de se protéger de ces volées de flèches, implore donc la protection de Krishna, qui ne peut plus rester simple témoin. Le Seigneur, l'incarnation de la Vérité, est prêt à rompre son serment. Il saute du char et se précipite sur Bhishma avec son arme. Bhishma se réjouit de la colère de Krishna, de voir qu'il est prêt, pour soutenir le serment d'un dévot et sauver la vie d'un autre, à encourir la disgrâce et la honte d'avoir rompu son engagement. Dès que Bhishma voit Krishna bondir sur lui, il lâche son arme et se prosterne à Ses pieds. Le Maître éprouve un amour si intense pour son disciple, qu'il est prêt à toute extrémité pour le sauver. De même, Amma ne se soucie pas d'être blessée, mais elle ne peut tolérer qu'on blesse un de ses dévots.

L'épisode du garçon qui avait attaqué l'ashram à coups de pierres s'est terminé de manière similaire. Quelques jours après l'incident, la foudre détruisit complètement sa maison. Il dut déménager pour gagner sa vie. En fait, Amma ne fait pas de mal aux gens qui se conduisent ainsi. Elle les laisse simplement assumer leur *karma*. Leur ego et leurs mauvaises actions empêchent la Grâce d'Amma d'arriver jusqu'à eux. Si bien que leur *karma* suit son cours. Ils souffrent les conséquences de leurs actions. Amma l'explique ainsi : « Je ne punis jamais personne. Peu m'importe d'être insultée ou tourmentée. Mais si un dévot est maltraité, Dieu lui-même ne le pardonne pas. Chacun doit récolter le fruit de ses actes. Il ne peut pas en être autrement. » Certaines personnes sont trop arrogantes, égoïstes ou méchantes pour admettre ou reconnaître la grandeur des Mahatmas. De tous temps, les Maîtres comme Rama, Krishna, Jésus, ont eu leurs détracteurs.

Des centaines de milliers de personnes ont cependant été transformées par l'amour et la compassion inconditionnels d'Amma. Quand un couple de jeunes mariés est venu séjourner à l'ashram, on leur a demandé : « Pourquoi venez-vous voir Amma ? Vous venez de vous marier. Pourquoi ne partez-vous pas en lune de miel ? »

Ils ont répondu : « Nous voulons connaître l'amour d'Amma. » Généralement, c'est dans la période initiale de la vie conjugale et pendant la lune de miel que l'amour des époux est le plus intense. Pourtant ce couple voulait faire l'expérience de l'amour d'Amma. Il y a dans cet amour quelque chose de sublime, de divin, dont on ne trouve pas l'équivalent dans l'amour provenant d'une autre source.

Récemment, un dévot de Madras a offert un éléphanteau à Amma. Il était seul et à peine âgé d'un an et demi quand il est arrivé à l'ashram. Amma l'a appelé Ram. Pendant les premières semaines qui ont suivi son arrivée, il pleurait souvent, surtout la nuit. A l'heure où tout le monde dormait profondément, il pleurait car sa mère lui manquait. (Il était déjà séparé de sa mère avant de venir et il n'y avait aucun moyen de les réunir.) Nous étions fréquemment réveillés par ses cris. Une nuit, il pleurait plus que d'ordinaire et ne mangeait guère. Des *brahmacharis* en informèrent Amma qui leur demanda de lui amener Ram s'il continuait de pleurer. Ram pleurait toujours mais le responsable de Ram ne voulut pas déranger Amma malgré les instructions qu'elle avait données. Entendant ses pleurs, Amma demanda à des *brahmacharis* de le lui amener dans la cour devant sa chambre. Quand Ram fut devant elle, Amma lui caressa gentiment la trompe et le front, lui donnant des bananes et des biscuits. Elle lui posa des questions : « Ram, es-tu triste ? Te plais-tu à l'ashram ? Aimes-tu Amma ? Aimes-tu tes frères et tes sœurs de l'ashram ? » Elle s'adressait à lui comme s'il était capable de comprendre. Elle a continué de le caresser pendant plus d'une demi-heure, en lui montrant beaucoup d'amour et d'intérêt. Puis elle dit aux *brahmacharis* d'attacher Ram à un arbre près de sa chambre.

Il semblait si heureux de l'amour et de l'affection d'Amma, que sa mère ne lui manquait plus. Il cria encore pendant quelques nuits. Amma demandait à chaque fois qu'on le lui amène et elle passait du temps à le caresser et à le nourrir. Quelques jours plus tard, il ne pleurait plus du tout. Je suis sûr qu'il avait retrouvé l'amour et la présence de sa mère en Amma.

Maintenant, Ram a presque quatre ans. A la fin des *bhajans* du soir, Amma passe régulièrement un peu de temps avec lui, à le caresser, à le nourrir et à lui parler. Quand elle ne le fait pas, Ram est très triste. Il est parfois insupportable et les mahouts (personnes qui s'occupent d'un éléphant) n'arrivent pas à le calmer. Amma, elle, y parvient toujours.

Sensibilité subtile

Si les défauts des gens se développent, les actions qu'ils commettent portent naturellement préjudice à l'harmonie universelle. Quand cette harmonie est perturbée, des calamités se produisent.

Notre mental n'est pas assez subtil pour percevoir cette dysharmonie. Nous pouvons cependant en éprouver les conséquences. Les cyclones, les tremblements de terre, les inondations et autres catastrophes naturelles sont les symptômes de cette dysharmonie.

Autrefois, la dysharmonie était moindre et les désastres moins nombreux. Maintenant, la situation a changé. Les catastrophes naturelles sont devenues banales. Même si nous sommes incapables de ressentir cette dysharmonie cosmique, des Mahatmas comme Amma la ressentent fort bien.

Quand Amma décida de construire un ashram à Madurai, elle me chargea de trouver le terrain nécessaire.

Avec l'aide des dévots sur place, j'ai trouvé un terrain qui, d'après moi, était une bonne affaire. Sur la route du retour à l'ashram, après un programme à Chennai (Madras), j'ai demandé à Amma de s'y arrêter pour le bénir et Amma accepta. J'ai emmené Amma sur l'emplacement du terrain et elle leva les bras au ciel en s'écriant : « Oh mon Dieu ! L'argent de mes pauvres enfants de Madurai va être englouti dans la boue ! » Les dévots présents et moi-même étions bouleversés par la réaction d'Amma. Amma ressentait parfaitement les mauvaises vibrations du lieu, que mon mental, par manque de subtilité, n'avait pu percevoir.

En faisant des recherches, nous avons découvert que personne ne voulait de ce bout de terrain. C'est pourquoi nous avions pu l'acquérir à bon prix. Il était situé juste à côté d'une des plus importantes routes du Tamil Nadu et cette portion de route était réputée pour le nombre incroyable d'accidents mortels qu'elle connaissait. Les collisions frontales, les tonneaux étaient choses courantes. Même des bus s'étaient retournés à cet endroit, entraînant la mort de nombreux passagers. Par-dessus le marché, nous apprîmes qu'il y avait eu plusieurs suicides dans ce lieu, tous par pendaison aux branches d'un arbre, tout proche de là.

Dès le début, des difficultés bizarres entravèrent le déroulement de la construction. Une fois, ce fut la tente abritant le ciment et le matériel de peinture qui prit feu. Tout fut détruit. Plusieurs fois, nous nous sommes aperçus qu'un mur ou une autre partie du bâtiment ne correspondait pas aux plans. Il fallut donc l'abattre et recommencer. Des équipes entières d'ouvriers ont souvent abandonné le chantier après la première semaine de travail, sous le seul prétexte qu'ils ne voulaient pas revenir à cet endroit. Nous avions construit beaucoup d'ashrams et n'avions jamais rencontré ce genre de problèmes. D'habitude, la construction d'un ashram prend six mois. Celle de l'ashram de Madurai allait durer trois ans et coûter trois fois plus cher. La prédiction d'Amma s'est averée exacte à 100%.

Trois ans après le début du chantier, Amma décida de consacrer le temple, bien que les travaux ne fussent pas finis. Après cette cérémonie, la construction se déroula facilement et nous ne rencontrâmes plus de problème. En fait, cette portion de route, à la réputation autrefois infâme, est maintenant devenue célèbre pour une autre raison : il n'y a plus un seul accident dans ce virage qui avait connu tant d'accidents mortels. L'arbre que des gens avaient choisi pour se pendre a été abattu par une tempête. Le quartier, auparavant désolé, abandonné, est maintenant plein de maisons, de boutiques et d'autres bâtiments. Le *sankalpa* (résolution divine) d'Amma a transformé la malédiction en bénédiction. Quelqu'un a demandé à Amma pourquoi elle avait décidé de construire un ashram sur un terrain maudit dont personne ne voulait. Elle a répondu qu'elle choisit ce genre d'endroits pour convertir leurs mauvaises vibrations en bonnes vibrations.

Amma n'est pas seulement sensible aux vibrations négatives. Une fois, nous lui avons demandé de nous emmener à Tiruvanamalai, un lieu saint du Tamil Nadu. Sur la route, Amma a raconté des histoires et plaisantait dans la voiture. Un *brahmachari* s'endormit, Amma lui versa de l'eau dans la bouche et lui enfonça quelque chose dans le nez. Tandis qu'elle jouait avec nous, nous traversâmes un village. Tout à coup, elle devint très sérieuse. Elle ferma les yeux et leva les mains en prenant des *mudras* (gestes qui ont une signification symbolique). Elle resta pendant dix à quinze minutes dans un état méditatif. Tout le monde gardait le silence. Peu après, elle ouvrit les yeux et reprit la parole. Nous ignorions le sens de son attitude. Un instant plus tard, nous nous sommes arrêtés pour prendre le thé. En voyant notre groupe habillé de blanc, portant la barbe et les cheveux longs, des gens qui étaient au bord de la route nous ont demandé si nous venions de l'ashram d'un certain swami qui habitait dans un village voisin. Nous n'avions jamais entendu parler de ce swami.

Certains d'entre nous étaient curieux d'en savoir plus et ont posé des questions à son sujet et sur son ashram. Les passants nous répondirent qu'à trente kilommètres du village où nous étions, habitait un *avadhut* (un saint ne respectant pas les normes sociales) qui ressemblait à un mendiant et qui vivait dans la solitude, ne parlant que pour prononcer des mots et des sons étranges. Nous nous sommes souvenus alors que c'était à peu près en traversant cet endroit qu'Amma était soudain entrée en méditation.

Plus tard, Amma nous dit qu'elle avait ressenti dans ce lieu de fortes vibrations de compassion.

Ces épisodes montrent la sensibilité d'Amma. Je n'avais pas été capable de ressentir les vibrations négatives du terrain que j'avais choisi, ni celles, positives, de *l'avadhut* dans son ashram. Mais Amma les avait captées dans les deux cas, sans avoir la moindre information sur chacun des sites. De même, Amma connaît le moindre dérèglement dans le monde. Elle peut percevoir toute chose dans l'univers sans avoir besoin d'être physiquement présente.

Chapitre 5

Il est important d'avoir un Gourou

Pourquoi avons-nous besoin d'un Gourou ?

« Bien que le vent souffle partout, nous ne savourons sa fraîcheur qu'à l'ombre d'un arbre.
De même, un Gourou est nécessaire pour vivre dans la chaleur brûlante du monde. »

Amma

Beaucoup de gens se demandent à quoi sert un Gourou. Même pour apprendre une chose aussi simple que l'alphabet, nous avons besoin d'un enseignant. Si un maître est nécessaire pour apprendre 26 symboles, que dire quand il s'agit de maîtriser les complexités de la vie spirituelle ?

Prenons l'exemple d'un voyageur qui se rend pour la première fois quelque part. Il a beau avoir une carte pour le guider jusqu'à sa destination, il ignore tout de l'état de la route, des éventuelles déviations, de la présence de bandits ou d'animaux sauvages, car ces informations ne figurent pas sur la carte. Pour arriver à bon port sans risque, notre voyageur a besoin d'un guide qui a déjà parcouru ce trajet.

De même, sur la voie spirituelle, il nous faut un guide qui connaisse le but, tous les tours, les détours et les obstacles du chemin, nos points forts et nos points faibles. Amma est le guide suprême. Non seulement, elle connaît le chemin, mais elle nous y accompagne tout au long, en nous tenant par la main à chaque pas, éclairant la route devant nous.

On peut comparer les pratiques spirituelles à un fortifiant. Pris à bonne dose, il est bon pour la santé. Mais si l'on en prend trop, il peut causer des imprévus. Il en va de même pour la pratique spirituelle : effectuée correctement et à la dose convenant à notre constitution, elle procure un bien-être physique et mental. Mais si l'on pratique trop, cela peut créer des difficultés. Seul un *satguru* peut juger convenablement de la prescription qui convient à chacun.

Une femme très obèse achète un livre décrivant différents types de traitements permettant de perdre du poids. Elle en choisit un, dont voici la prescription : « Prendre une pilule un jour sur deux pendant six mois. »

Trois mois plus tard, elle a déjà perdu 50 kilos. Mais elle commence à souffrir de maux de tête, de fatigue musculaire et de déshydratation. Elle se fait du souci et finit par aller consulter son médecin. Celui-ci, stupéfait d'apprendre tout le poids qu'elle a perdu en si peu de temps, lui dit : « Manifestement, ce traitement marche. Mais peut-être vos symptômes sont-ils un effet secondaire des médicaments. » « Oh non, les pilules sont bonnes. C'est juste de devoir sauter un jour sur deux qui me tue ! »

Nous pouvons aussi apprécier l'importance d'avoir un Gourou en lisant des livres sur la vie des *avatars* (incarnations divines qui descendent sur terre pour aider les autres) comme Rama ou Krishna. Bien qu'ils soient nés avec la connaissance suprême et qu'ils n'aient pas eu besoin d'un Gourou, ils ont joué le rôle du disciple pour prouver au monde la grandeur d'un Gourou.

Le sens du mot « Gourou »

Les plus anciens textes de l'Inde et son trésor spirituel le plus subtil, les Védas, commencent par une invocation au Feu « *Agnimile purohitam...* » Le mot *agni* (feu) dans ce verset représente la pure Conscience qui illumine tout. Il symbolise aussi le Gourou, car la syllabe « gu » signifie obscurité et « ru » « ce qui enlève ». Le mot « Gourou » signifie donc « le feu qui dissipe l'obscurité intérieure. » Cette obscurité intérieure est celle de l'ignorance.

J'ai aussi entendu Amma dire que les âmes qui ont réalisé Dieu peuvent prendre le *karma* des autres et le brûler dans le feu de leur propre Conscience du Soi.

Le mot « Gourou » a aussi un autre sens merveilleux : celui de « lourd », non pas en terme de poids, sinon, beaucoup de gens pourraient être qualifiés de Gourou ! Ce qui pèse lourd chez un Maître véritable, ce sont sa gloire et sa grandeur spirituelles. En astrologie indienne, on appelle Jupiter, la plus grande et plus lourde des planètes, la « planète du Gourou ». Bien que Krishna ait été berger, il est considéré comme le Gourou universel à cause de sa grandeur spirituelle. Dans le *Srimad Bhagavatam,* on dit que seules sept personnes ont vraiment su qui était Krishna de son vivant. Ce n'est qu'après leur mort que des grands Maîtres comme Rama, Krishna et Jésus ont été plus largement acceptés comme des *avatars.* Apprécions la chance que nous avons : nous connaissons la divinité d'Amma de son vivant. En nous permettant de faire l'expérience de sa grandeur et de sa divinité, elle manifeste sa compassion à notre égard.

La plupart d'entre nous peuvent affirmer avoir vécu de magnifiques expériences avec Amma. Mais si l'une de nos demandes ne trouve pas satisfaction, nous oublions toutes les expériences précédentes. Quand nous manifestons notre dévotion envers Amma et qu'elle ne semble pas y répondre, il peut nous arriver de penser qu'elle ne se soucie plus de nous, ou qu'elle ne se rend pas compte de l'amour que nous lui portons. En fait, Amma veut nous voir développer notre force intérieure et notre foi. Elle ne peut pas céder à tous nos caprices, ni répondre à toutes nos fantaisies. Amma dit : « Chaque fois que vous doutez, rappelez-vous toutes vos expériences passées en présence du Gourou et souvenez-vous de la manière dont vous avez ressenti sa grandeur et sa compassion. Pensez à ces expériences et essayez de fortifier votre foi. » En nous appuyant sur ces événements, efforçons-nous de progresser sur la voie spirituelle.

Une source de compréhension spirituelle

L'impact de la science et de la technologie sur notre vie est énorme. Il y a seulement quelques décennies, les inventions, les gadgets et le confort dont nous jouissons aujourd'hui étaient inconcevables. Pourtant, la misère et l'agitation de la psyché humaine ont grandi dans les mêmes proportions.

D'après les stastistiques, un grand nombre de personnes se suicide chaque année. Les gens ne savent pas comment obtenir la joie de vivre. Ils cherchent une soupape dans la possession de biens matériels, dans les relations, les distractions, l'alcool, la drogue, etc., et quand tout a échoué, certains ont recours au suicide. Nulle part ils n'arrivent à trouver un bonheur durable et leur vie est triste. Dans bien des pays, le niveau de vie s'est élevé, mais qu'en est-il de la qualité de vie ? L'augmentation du nombre de suicides, de crimes et de manifestations n'est que le symptôme du déclin du bien-être psychologique.

Du temps de nos grands-parents, les suicides étaient beaucoup moins fréquents, de même que la dépendance par rapport aux drogues et les problèmes psychiatriques. La croyance en Dieu, ou en un pouvoir divin guidant la vie était également beaucoup plus importante. Croire en Dieu et mener une vie fermement établie sur les valeurs qui découlent de la foi, a aidé ces générations antérieures à dépasser les difficultés et à trouver un équilibre.

Lorsque l'on est heureux, en bonne santé et sans souci matériel, on pense ne pas avoir besoin de Dieu. C'est faux. Dieu n'est pas une trousse de secours. Il est nécessaire de se souvenir de Dieu pour avoir un sentiment de bien-être mental et émotionnel. Cette affirmation se vérifie par l'impression de paix et de bonheur que l'on ressent après une pratique spirituelle, même courte. Selon Amma, la vie est une succession de plaisirs et de peines; la spiritualité nous apprend à rester équanimes en toute circonstance. Seule cette équanimité nous permet de vivre en paix. Sans l'aide de la spiritualité pour nous guider dans la réflexion et dans l'action, n'importe quel problème mineur peut nous affecter profondément. Comment rester serein ? Amma répond par un exemple :

Quelqu'un qui traverse un endroit en sachant que l'on y fait exploser des pétards ne sera pas effrayé par le vacarme. Mais celui qui passe par le même endroit sans savoir ce qui s'y passe et sans y être préparé, reçoit un choc en entendant soudain une détonation à côté de lui. De même, celui qui connaît la nature du monde n'est pas choqué par les calamités qui surviennent brutalement.

Tout, dans la vie, requiert une base spirituelle. La compassion, l'amour et l'altruisme doivent être présents dans les relations humaines. A moins de mener une vie fondée sur la spiritualité et les valeurs qui y sont associées, on ne peut maintenir l'amour dans les relations. A notre époque moderne, nombre de mariages se brisent. Il en irait autrement si chacun des époux choisissait de pardonner à l'autre et d'oublier ses fautes.

Quand un patient déprimé consulte un psychologue ou un psychiatre, le spécialiste lui propose la relaxation, la pratique de la pensée positive, la méditation, etc. pour venir à bout de sa dépression. Certains psychiatres utilisent un autre mot que celui de « méditation » et préfèrent des termes comme « visualisation créatrice ».

Comme les saints et les sages le répètent depuis des millénaires, le fait de se tourner vers Dieu et de suivre des pratiques spirituelles permet de développer des valeurs qui apportent la paix de l'esprit même dans un monde changeant et complexe. Il suffit donc de suivre les conseils des Maîtres pour prévenir la dépression et éviter le recours au psychiatre.

Un exemple d'amour désintéressé

Les Ecritures disent : « *Atmanastu kamaya sarvam priyam bavathi* ». Cela signifie : « Nous aimons les objets et les personnes dans l'intérêt de notre propre bonheur. » Nous aimons les autres tant qu'ils nous rendent heureux. Le fondement de cette triste affirmation est que nous nous aimons plus que nous n'aimons les autres. Presque tout le monde cherche à être aimé et très peu sont prêts à donner de l'amour sans rien attendre en retour. Si nous attendons quelque chose en échange de l'amour que nous donnons, celui-ci ne peut être qualifié de pur. Il s'agit plutôt d'un commerce motivé par le profit. C'est un choix malheureux car l'amour n'est pas un produit de consommation, il n'a pas de valeur marchande. Ce qui est commercialisé sous le nom d'amour, n'est pas de l'amour du tout. C'est comme un fruit en plastique, joli à regarder, mais incapable de nourrir ni le corps ni l'âme.

Un homme malheureux, croyant trouver la joie en se mariant, épouse une femme elle-même maussade mais persuadée qu'une fois mariée elle sera heureuse. C'est ainsi que deux personnes malheureuses s'unissent avec pour seul résultat: deux malheureux qui vivent ensemble. Ils pourront être heureux pendant un certain temps, mais les problèmes feront vite surface.

Beaucoup de couples se battent et se séparent. Au début du mariage, les époux s'aiment beaucoup, chacun s'exclamant pendant la lune de miel : « Je ne peux pas vivre une minute sans toi. » Quelques années plus tard, leur sentiment est inversé : « Je ne peux plus vivre une minute de plus avec toi. »

Telle est la nature de l'amour humain qui est toujours fondé sur des attentes. Quand celles-ci ne sont pas comblées, l'amour cesse d'exister et peut même se transformer en haine. Nous voulons tous être aimés de façon inconditionnelle, mais l'amour que nous recevons est conditionnel. Au début de la vie conjugale, le mari et sa femme s'aiment, mais cet amour se détériore ensuite car il est construit sur des motivations égoïstes. Quand le charme de la nouveauté s'évanouit, aucun des deux n'est plus satisfait de l'affection qu'il reçoit du partenaire.

Amma dit toujours : « Là où se trouvent l'amour mutuel, la compréhension et la confiance, les problèmes et les soucis diminuent. Là où ces qualités sont absentes, les problèmes augmentent. L'amour est la base d'une vie heureuse. Nous ignorons cette vérité, délibérément ou non. Notre âme, autant que notre corps, a besoin d'une nourriture appropriée pour grandir, elle a besoin d'amour. L'amour est plus nourrissant pour l'âme que le lait maternel pour le bébé. »

Amma nous dit d'aimer les autres sans rien attendre en retour et de travailler à atteindre ce but. Nous voyons cet amour désintéressé chez un Maître qui a réalisé le Soi. Il ou Elle n'attend rien de personne.

Une présence bienfaisante

Malgré tous les problèmes qu'on peut avoir dans la vie, quand on se trouve en présence d'un *satguru* comme Amma, le mental se calme et les soucis disparaissent. J'ai vu beaucoup de gens venir voir Amma avec des questions et des doutes. Au moment où ils se retrouvent dans les bras d'Amma, tout le contenu de leur mental s'évanouit. Après le *darshan*, ils s'aperçoivent qu'ils ont oublié de poser leurs questions. Mais souvent, il s'avère que ces problèmes, qui semblaient tellement cruciaux, ne les dérangent plus du tout. Une transformation a eu lieu à un certain niveau. C'est le bienfait qu'on retire de la présence d'Amma.

En 1993, Amma fut invitée à Chicago pour le centenaire du Parlement des Religions du Monde. On lui demanda de prononcer l'allocution de clôture et de guider la dernière prière. Les dévots conduisirent la voiture d'Amma près de la porte donnant sur l'estrade pour qu'Amma puisse y monter dès la fin de sa prestation et éviter ainsi que la foule ne s'agglutine autour d'elle. Sur la scène se trouvaient également le Dalaï Lama et d'autres célébrités, si bien que les mesures de sécurité étaient sévères et qu'il était difficile d'avoir la permission de se garer près de cette porte. La prière et le message de clôture terminés, Amma est sortie et s'est dirigée vers la voiture. Elle a vu un agent de la sécurité se disputer avec un dévot. L'agent, rouge de colère, criait de plus en plus fort. Amma est allée droit vers lui, lui a caressé la poitrine et l'a pris dans ses bras. Il était complètement médusé par cette tendre accolade et cette démonstration d'amour inattendue.

Ce garde qui avait tant insisté, au nom de la sécurité, pour enlever la voiture et faire sortir Amma par la porte prévue et aucune autre, a escorté Amma jusqu'à la voiture et lui a ouvert la porte. L'année suivante, quand Amma est retournée à Chicago, cet homme était le premier dans la queue du *darshan*.

Toute personne qui passe à proximité d'une fleur complètement épanouie, reçoit en cadeau sa senteur. Amma, de même, déborde d'amour, de compassion et de Grâce et quiconque passe près d'elle en reçoit le parfum.

Je suis un jour allé rendre visite à des dévots. La chambre de leur fille, adolescente, était tapissée de photos indécentes. Ses parents étaient de fervents dévots d'Amma mais la jeune fille refusait de la rencontrer. Cette attitude attristait beaucoup sa mère. L'année suivante, l'adolescente s'est agenouillée aux pieds d'Amma et a pleuré abondamment. Dès qu'elle est rentrée chez elle, elle a enlevé toutes les photos. Peu de temps après, je suis allé les voir et j'ai constaté que dans la chambre de la jeune fille, il n'y avait plus que deux photos : une d'Amma et l'autre d'elle-même avec Amma. Personne ne lui avait dit d'enlever les autres photos, elle l'avait fait d'elle-même.

Il est très difficile de surmonter les attractions, les aversions, mais la présence d'un grand Maître tel qu'Amma facilite beaucoup la tâche. Les tendances négatives peuvent même disparaître spontanément.

Une expression de la compassion de Dieu

**na me pārthā'sti kartavyaṁ triṣu lokeṣu kiṁcana
nā'navāptam avāptavyaṁ varta eva ca karmaṇi**

Je n'ai aucun devoir à accomplir et il n'y a rien dans les trois mondes qu'il me faille atteindre, pourtant, je suis engagé dans l'action.

Bhagavad Gita, chapitre III, verset 22

Amma dit des Mahatmas qu'ils sont les véhicules de la Grâce et de la compassion de Dieu. Il est même dit dans certaines Ecritures qu'ils ont plus de compassion que Dieu, car ils viennent sur terre uniquement pour nous aider à progresser. Ils ont déjà atteint le but de toute vie humaine. Ils sont accomplis. Ils ne veulent rien d'autre que donner. Ils pourraient demeurer dans la béatitude infinie mais ils choisissent de quitter cet état et de descendre à notre niveau de conscience pour nous aider.

Amma dit : « Mon seul but est de rendre mes enfants heureux, dans cette vie et dans celles à venir ». Amma écoute les problèmes de millions de gens, jour et nuit, depuis trente ans. Jusqu'à maintenant, elle a personnellement rencontré, pris dans les bras, et écouté plus de trente millions de personnes. Cela suffit à prouver l'ampleur de sa compassion. Amma n'a pas besoin de faire cela. Elle le fait pour notre bien.

Bien qu'Amma n'éprouve jamais de tristesse personnelle,

elle est émue et affligée par le chagrin de ses dévots. Elle est aussi dure qu'un diamant, mais quand il s'agit de ses enfants, elle se fait douce comme une fleur. Nos peines se reflètent dans son esprit et la touchent. La vie d'Amma est intégralement consacrée au bien de ceux qui recherchent son aide.

Quand nous prions Amma avec sincérité, elle prend tout en charge. De nombreux problèmes se trouvent résolus et elle nous donne la force et le courage d'accepter ceux qui ne le sont pas. En venant auprès d'un Mahatma, la vie semble se simplifier.

Voici l'histoire d'une famille indienne et de leur fils unique. Les parents sont profondément religieux et ils encouragent leur fils à prier, mais il ne prête jamais attention à leur conseil. Il n'a jamais prié Dieu de sa vie. On lui propose un jour un emploi au Moyen-Orient et il décide de l'accepter. Ses parents, dévots d'Amma, lui demandent d'aller la voir avant son départ pour cette contrée lointaine d'où il ne reviendra pas avant deux ou trois ans. Ils lui disent aussi d'emmener tous ses documents à l'ashram pour les faire bénir. Il décide d'aller voir Amma, pour ne pas contrarier ses parents en leur désobéissant avant de partir.

Il se rend à l'ashram le lendemain avec tous ses papiers, son passeport, son visa et sa convocation, pour les faire bénir. Au moment du *darshan*, Amma lui demande : « Vas-tu accepter ce poste ? » Il répond « oui ». Amma garde le silence, ferme les yeux et lui donne sa bénédiction.

Il prend le bus pour rentrer chez lui. Il est si fatigué qu'il s'endort. Quand il rouvre les yeux, il s'aperçoit que la sacoche contenant ses papiers a disparu. D'abord, sous le choc, il n'y croit pas. Puis, ses sentiments se transforment en rage. Dès qu'il sort du bus, il se précipite chez ses parents, comme fou. Il est à deux doigts de les frapper tellement il leur en veut d'avoir ruiné sa vie entière. Il a tout perdu par leur faute, dit-il, car ils ont insisté pour qu'il aille voir Amma. Ses parents sont, eux aussi, complètement bouleversés. Ils ne savent pas quoi faire pour le consoler, ni quoi lui répondre.

Le lendemain, les parents se rendent auprès d'Amma, et lui expliquent en pleurant ce qui est arrivé la veille à leur fils. Ils ajoutent qu'ils sont venus à son insu. Amma leur dit de ne pas se faire de souci, que tout se passera bien. Peu de temps après, la guerre du Golfe éclate. Lui et certaines de ses connaissances devaient travailler en Irak et quelques-uns de ses amis y sont déjà. La guerre a fait de nombreux morts et certains de ses amis ont été gravement blessés.

Quelque temps plus tard, le poste de police le prévient qu'on a retrouvé sa sacoche. Le voleur semble avoir été relativement généreux, puisqu'il n'a pris que l'argent et les objets de valeur et a laissé la mallette sur le bord de la route sans endommager ni altérer les papiers et autres documents. Celui qui a trouvé la sacoche l'a rapidement confiée à la police.

Quand on a rapporté ces événements à Amma, elle a répondu : « Je savais ce qui allait arriver, mais si j'avais déconseillé au garçon d'accepter cet emploi, il ne m'aurait pas écoutée, il serait parti, il aurait été gravement blessé, peut-être tué. C'était la seule manière de le sauver. »

Plus tard, par la Grâce d'Amma, on lui offre un autre poste, mais à présent, son seul désir est de vivre à l'ashram ! Les prières de ses parents sont exaucées.

Nombreux sont les dévots d'Amma qui ont personnellement fait l'expérience de son aide. Chaque fois qu'on l'appelle de tout son cœur, Amma répond, c'est sûr. Quand on a vraiment des ennuis, on s'adresse à Dieu avec une grande sincérité et avec tout son cœur. Quand nous souffrons, les appels que nous lançons vers Dieu ont plus de profondeur et de dévotion. Dieu nous donne parfois des problèmes à résoudre uniquement pour que nous nous tournions vers lui avec sincérité.

A Bombay, un ardent dévot d'Amma souffrait du cœur. Le médecin diagnostiqua quatre artères bouchées et décida que son état nécessitait une intervention chirurgicale à cœur ouvert. Il était très effrayé et bouleversé. Ses fils se faisaient également du souci et téléphonèrent à l'ashram pour prévenir Amma. Le père pleurait, surtout de peur, au bout du fil en parlant à Amma. Celle-ci le rassura : « Ne te fais pas de soucis, mon fils, tout ira bien. » Amma lui envoya du *prasad*[5] par l'intermédiaire d'un autre dévot qui partait à Bombay le jour même.

Deux jours avant l'intervention chirurgicale, le chirurgien en chef, décida de faire un dernier contrôle. A sa complète surprise, il ne trouva qu'un seul blocage, et encore, mineur. Après avoir pris l'avis de ses confrères, le chirurgien décida qu'il n'était plus nécessaire d'opérer pour le moment. Le dévot put quitter l'hôpital avec un traitement et une prescription de régime. Il rentra chez lui, très heureux, en remerciant Amma avec effusion.

Ce miracle s'est produit il y a huit ans et jusqu'à présent, il n'a pas eu besoin de recourir à la chirurgie.

Une requête sincère peut faire des merveilles, surtout quand on a un Maître vivant. Au lieu de gâcher notre vie en vaines poursuites, efforçons-nous d'accomplir des choses qui attirent la Grâce de Dieu. Sans elle, la vie est vide et sèche. Essayons d'utiliser notre temps, notre énergie, nos talents et nos aptitudes physiques à obtenir cette Grâce.

Une occasion de faire l'expérience de Dieu

Être en présence d'un Mahatma est une occasion extraordinaire. Même si nous croyons en Dieu, il est difficile d'avoir une relation intime avec Lui, car nous ne Le voyons pas et ne savons pas communiquer directement avec Lui. Quand nous sommes en

[5] On appelle *prasad* tout ce qui a été béni par le Gourou, ou ce qui a été offert à une déité, généralement de la nourriture.

présence d'un Mahatma, nous pouvons sentir Dieu et en faire l'expérience, parce qu'un Mahatma est toujours établi dans la conscience divine, il est un avec Dieu.

Le lien que nous établissons avec un Mahatma est pour toujours dans notre cœur et nous sentons sa protection. Amma protège ses enfants où qu'ils soient comme une mère poule couve ses poussins sous son aile.

Un soir, Amma était assise sur le sable avec les *brahmacharis*, sur le côté de l'ashram qui longe la lagune. Soudain, Amma ferma les yeux et entra en méditation profonde. Quelque temps plus tard, quand elle ouvrit les yeux, un *brahmachari* lui demanda : « Amma, sur quoi méditais-tu ? » Amma répondit qu'elle pensait à ses enfants et qu'elle se rendait, d'une façon subtile, vers ceux qui la priaient d'un cœur ardent. Plus tard, elle expliqua qu'à ce moment précis, une dévote pleurait amèrement devant la photo d'Amma posée sur son autel car son mari ne voulait pas qu'elle se rende à l'ashram. On apprit ensuite de la bouche de cette femme, qu'au même moment, elle avait eu une vision d'Amma, et qu'elle s'était sentie grandement consolée de savoir Amma à ses côtés, dans sa propre maison.

C'est la fréquentation d'un grand Maître qui nous aide à fortifier le mental. Son amour nous permet d'accepter tout ce qui nous arrive et d'affronter les obstacles. Nous avons une chance extraordinaire : Dieu vit parmi nous, incarné sous l'aspect de la Mère Divine.

Nous n'avons vraiment pas à nous soucier de quoi que ce soit. Nous pouvons être sûrs qu'Amma s'occupe de nous. Chaque fois qu'un problème surgit, il est rassurant de savoir qu'Amma est au courant et qu'elle apportera son aide et son soutien. Cette conviction nous soulage et nous réconforte dans une grande mesure. Ressentir pour le Maître de l'amour et une confiance innocente comme celle d'un enfant, c'est le début de l'évolution spirituelle.

Amma essaie d'allumer en nous l'étincelle de la conscience spirituelle et les qualités d'amour et de compassion. Sa vie est l'exemple à suivre.

Chacun de nous possède ces qualités. Un criminel endurci, par exemple, peut éprouver beaucoup d'amour à la vue de son enfant. Un Mahatma crée les situations qui vont nous aider à cultiver et à manifester ces qualités d'amour. Quand l'amour s'éveille en nous, les défauts disparaissent peu à peu.

Beaucoup d'entre nous viennent chercher la bénédiction d'Amma pour obtenir la satisfaction d'un de leurs désirs ou la résolution d'un de leurs problèmes. Amma dit que si nous aspirons intensément à réaliser un but élevé, nous pouvons vaincre les désirs mineurs. En présence d'un *satguru*, nous pouvons surmonter beaucoup de nos désirs grâce à l'amour que nous lui portons. Le désir de vivre à l'ashram avec Amma permet à beaucoup d'entre nous de renoncer aux désirs profanes.

Il s'agit pour nous de cultiver une relation vivante et étroite avec Dieu. Amma raconte que pendant sa période de *sadhana*, elle priait sincèrement Dévi de se révéler à elle, et de temps en temps, elle se mettait même en colère parce que Dévi ne lui donnait pas son darshan.

Quand nous serons capables de développer autant d'intimité avec Dieu et de diriger vers Lui toutes nos émotions et tous nos sentiments, nous serons complètement débarrassés de nos défauts. Amma conseille : « Quand vous êtes en colère, dirigez votre colère vers Dieu. Si vous êtes tristes, parlez de votre peine à Dieu. Asseyez-vous devant votre autel ou entrez dans votre salle de prière et confiez Lui tout ce que vous avez sur le cœur, comme un petit enfant s'ouvre de ses soucis à sa mère. Vous vous sentirez soulagés d'un grand poids et vous retrouverez la paix du cœur. »

Une occasion d'apprendre à se connaître

Nous avons tous un mental agité. Dès que nous rencontrons un Maître véritable, nous avons l'impression que Celui-ci contribue à nous troubler, comme si nous n'étions pas assez perturbés ! Le Gourou va nous mettre en face de certaines situations et nous dire : « Voilà, regarde quel est ton problème. » Il nous permet ainsi de prendre conscience de la négativité qui nous habite. C'est une partie importante du travail du Gourou. Avant de corriger nos défauts, il nous faut les repérer.

Nous sommes rarement d'accord pour reconnaître nos fautes et nos faiblesses. Nous avons plutôt tendance à blâmer quelqu'un d'autre. Le mental est parfois très négatif. Même si nous avons le meilleur Gourou du monde, il peut nous arriver de projeter sur lui nos défauts et notre négativité et de lui reprocher nos propres insuffisances. Il arrive même que nous le quittions, disant: « Ce n'est pas le Gourou qu'il me faut. Je vais en chercher un autre. »

Ce tapage mental existe depuis toujours, mais c'est seulement maintenant que nous en prenons peu à peu conscience. Nous pensons : « Avant de connaître Amma, j'étais vraiment quelqu'un de très bien, peut-être même un saint. Depuis que je l'ai rencontrée, je trouve qu'il y a beaucoup plus de négativité en moi. » Nous croyons naturellement, avec notre tendance à juger autrui, que quelque chose ne va pas chez Amma. Le Gourou ne crée ces situations que pour nous rendre conscients de nos défauts, et ensuite, il nous aide à les dépasser.

Si l'observation de notre mental reste superficielle, nous pouvons croire que nous n'avons pas de *vasanas* (tendances latentes) négatives. Mais dès que nous approfondissons notre investigation, nous trouvons de nombreux désirs et de nombreuses pensées négatives. Amma nous donne l'exemple suivant à titre d'illustration : une pièce apparaît propre quand on la regarde superficiellement, mais dès que l'on commence à frotter avec de l'eau et du savon, on voit toute la saleté qui reste encore à enlever. Pour faire remonter nos *vasanas* à la surface et les rendre apparentes, il faut des circonstances qui s'y prêtent. Un Maître authentique sait comment créer l'environnement et les situations appropriées. Amma donne l'exemple du serpent en période d'hibernation, qui ne répond à aucune stimulation. Dès qu'il se réveille, il réagit à la moindre provocation.

Swami Amritatmananda, l'un des plus anciens disciples d'Amma, raconte une histoire qui lui est arrivée alors qu'il était nouveau à l'ashram et qui montre comment Amma fait remonter nos défauts à la surface. Pour se faire remarquer, il posa à Amma, devant un groupe de *brahmacharis* et de chefs de famille, une question qu'il trouvait pointue. Mais Amma lui répondit simplement : « Mon cher enfant, tu ne peux pas comprendre ! »

Auparavant, Amma avait fréquemment fait l'éloge de Swami Amritatmananda (alors Ramesh Rao) pour son grand discernement. Ce jour là, cette critique lui fut intolérable. Il était si bouleversé qu'il décida de passer deux jours à Kanyakumari (la pointe Sud de l'Inde, lieu de pèlerinage distant de 200 km) en signe de protestation.

En se promenant dans Kanyakumari, il se retrouva près de l'ashram d'une *avadhuta* nommée Mayiamma. Celle-ci s'était rendue avec un dévot dans une autre ville. Tandis que Swami Amritatmananda, le cœur lourd, regardait le coucher du soleil, un des dévots de Mayiamma s'approcha de lui, tenant une gamelle de nourriture à la main, et lui montra des chiens allongés un peu plus loin en disant : « Ces bêtes n'ont même pas avalé une seule goutte d'eau, parce qu'elles ne voient pas Mayiamma. Je les ai cajolées autant que j'ai pu pour les faire manger sans y réussir. Peut-être aurez-vous plus de succès que moi si vous essayez. » Swami Amritatmananda suivit son regard. Une cinquantaine de chiens étaient allongés sur le sol, les pattes étirées, le menton par terre et les yeux fermés. La plupart d'entre eux portaient des traces de larmes sur le museau. Saisi d'étonnement, il regarda à nouveau le dévot qui continua : « Quand Mayiamma n'est pas là, ces animaux ne mangent rien. Comment cela est-il possible ? »

Swami Amritatmananda s'approcha des chiens, la gamelle à la main. Mais ils ne réagirent pas, ils n'ouvrirent même pas les yeux. Sans bouger d'un pouce, ils restaient allongés, comme s'ils étaient en *samadhi*. Quelques instants plus tard, quatre ou cinq des chiens levèrent les yeux vers lui puis reprirent leur position initiale. Il ne put que se demander : « Comment ces chiens ont-ils fait pour acquérir autant de détachement ? Quel trésor précieux Mayiamma leur a-t-elle donné ? »

Ses pensées s'envolèrent vers Amritapuri. Une image resplendissante d'Amma apparut devant ses yeux : elle lui souriait avec affection et compassion et lui faisait signe d'approcher, puis la vision s'évanouit. Il perdit tout contrôle, se mit à pleurer et à appeler « Amma ! » à voix haute. Il tendit le plat à l'homme et retourna le plus vite possible à Amritapuri.

En arrivant à l'ashram au petit matin, il vit Amma assise sur la véranda du *kalari* (petit temple). Il se prosterna à ses pieds et resta debout à côté d'elle. Il se sentait coupable. Soudain, un chien passa par là. Amma le regarda et dit sans s'adresser à quelqu'un de précis : « Même les chiens ressentent de la gratitude et de l'amour pour leurs maîtres. » Il regarda attentivement Amma dans les yeux. Ils étaient brillants de larmes. Le cœur débordant de souffrance et de culpabilité, il tomba dans les bras d'Amma en pleurant. Amma l'embrassa avec compassion sur la tête et le caressa. Elle murmura : « Méchant garçon, ta colère est-elle terminée ? »

Après nous avoir placés dans une situation qui déclenche en nous une réaction négative, le Maître nous montre nos *vasanas* et nos défauts. Même quand nous sommes mis en face de l'évidence, nous essayons souvent de justifier nos réactions car nous détestons admettre nos erreurs. Amma plaisante à ce sujet et raconte l'histoire suivante : un homme glisse et tombe. Sa femme se moque de lui et de sa chute. Le mari répond : « Qu'y a-t-il de drôle ? Je fais ma pratique de *yogasanas* (postures de hatha yoga) ! »

Grâce à l'amour et à la patience d'un véritable Maître, nous finissons par nous voir tels que nous sommes, nous prenons conscience de nos tendances négatives et nous nous changeons nous-mêmes. Amma dit pourtant qu'il ne suffit pas d'être en présence du Gourou. Il est indispensable d'être ouvert et de le laisser nous modeler, même si le processus s'avère douloureux.

Un homme se rend chez un ophthalomologiste pour faire contrôler sa vue. Le praticien lui demande d'identifier les lettres d'un tableau en testant différents verres correcteurs. Mais le patient ne reconnaît rien du tout, même à travers la lentille la plus puissante. Le médecin s'énerve et dit en hurlant : « Pourquoi ne pouvez-vous pas lire ces lettres avec ces verres ? »

Le patient répond placidement : « Parce que je ne sais pas lire, je n'ai jamais appris l'alphabet. »

De même qu'il faut connaître l'alphabet pour lire les lettres, il faut être ouvert pour apprécier la grandeur du Gourou. Nous ne pouvons recevoir sa Grâce que dans un cœur ouvert.

La valeur du prasad

Je me souviens d'un incident qui remonte à de nombreuses années. C'était au cours de l'une des visites d'Amma dans la maison d'un dévot. A cette époque, je travaillais encore dans une banque. En quittant mon travail ce jour-là, je me rendis directement chez le dévot et j'arrivai vers 9 heures.

La plupart des gens à qui Amma rendait alors visite, étaient très pauvres. Amma accepte affectueusement n'importe quelle *bhiksha* (offrande) qu'ils lui présentent. Le poisson coûte beaucoup moins cher que les légumes si bien que l'alimentation des gens pauvres de la région consiste essentiellement en riz et poisson. Amma, quant à elle, est strictement végétarienne, mais par compassion, elle mange tout ce que les gens lui offrent, car elle ne veut pas les blesser, ni leur causer aucun tracas.

J'arrivai au moment où Amma commençait à manger avec les dévots. Dès qu'elle me vit, elle me donna une poignée de nourriture que je pris respectueusement pour m'apercevoir, en y regardant de près, qu'il y avait dedans un gros morceau de poisson !

La famille dans laquelle je suis né et où j'ai grandi est strictement végétarienne. Si bien qu'en voyant ce morceau de poisson dans ma main, de dégoût, je le laissai immédiatement tomber par terre. Amma me demanda : « Pourquoi jettes-tu cette nourriture ? C'est du *prasad*. »

Je répondis : « Je n'en veux pas, c'est du poisson ! » L'odeur du poisson m'incommodait, mais je suis resté assis jusqu'à ce qu'Amma eut fini de manger. Mon aversion, cependant, était telle que j'ai vomi quelques minutes plus tard. Après avoir vomi, ne voyant pas d'autre récipient, j'attrapai un bol d'eau qui était posé à côté d'Amma. Je ne savais pas qu'elle l'avait utilisé pour se laver les mains après avoir mangé son poisson. Je commençai donc à me laver le visage et à me rincer la bouche avec le contenu du bol. Amma me regarda et sourit malicieusement, sans que je comprenne pourquoi. Quelques personnes assises avec nous se mirent à rire à l'idée de l'expérience cauchemardesque que je m'apprêtais à vivre en me lavant avec une eau à l'odeur de poisson.

J'utilisai toute l'eau du bol pour me laver et en me rinçant, je découvris une eau au parfum de rose, très agréable et d'un grand réconfort après la puanteur du poisson !

A ce moment-là, tout le monde avait fini de manger et on a débarrassé. Mais je percevais encore une odeur de poisson. A mon grand étonnement, celle-ci provenait du peu que j'avais vomi, alors que je n'avais pas mangé de poisson ! Je compris alors qu'il y avait « anguille sous roche » !

On pouvait s'attendre à ce que l'eau du bol, dont s'était servie Amma pour se laver les mains, sente le poisson. Au contraire, elle dégageait une merveilleuse senteur de rose, alors que mon vomi avait une odeur de poisson sans que j'en aie mangé, étant un pur végétarien. Je compris qu'Amma me donnait une leçon pour lui avoir manqué de respect en refusant le *prasad* du Gourou. Quand j'ai jeté celui-ci, j'ai oublié la divinité d'Amma. Je l'ai vue comme une personne ordinaire et n'ai pas considéré la nourriture qu'elle me tendait comme du *prasad*.

A cette époque, je vénérais déjà Amma et j'avais même eu une vision où elle m'était apparue en déesse. Cette apparition m'avait inspiré un certain temps et avait surtout renforcé ma foi en elle, mais je n'étais pas encore capable de garder en permanence et en toute occasion la conviction qu'Amma ne faisait qu'une avec la Mère Divine. Quand on arrive à cette foi constante, on agit avec plus d'amour et de dévouement. Quand notre dévouement grandit, affirme Amma, nos défauts disparaissent un par un.

L'omniscience d'Amma

Quelquefois, Amma me confie des détails concernant la vie d'une personne qui vient de se mettre dans la file de *darshan* pour la première fois. Quand cette personne se retrouve devant Amma pour recevoir son *darshan*, Amma l'interroge et fait mine d'apprendre ce qu'elle sait déjà. Comme j'en ai été témoin plusieurs fois, par curiosité, un jour où le phénomène s'était reproduit, j'ai demandé à Amma : « Pourquoi lui poser toutes ces questions alors que tu connais les réponses ?» Amma m'expliqua que la personne qui lui parlait se sentait plus proche d'elle. De cette manière, Amma ajoute au *darshan* une note personnelle qui établit une relation d'intimité. Ce contact personnalisé nous permet ensuite de méditer sur le souvenir du sourire d'Amma, de telle ou telle parole qu'elle nous a dite, de tel geste qu'elle a eu avec nous. Elle nous attache à elle par le lien de son amour et nous inspire l'envie de développer certaines qualités, pour nous rendre réceptifs à la Grâce divine.

Il arrive qu'Amma verse des larmes quand nous pleurons et que nous lui confions notre chagrin. Cela nous montre qu'Amma partage vraiment nos problèmes et cela représente beaucoup pour nous. Si Amma ne manifestait aucune émotion, elle serait comme un robot et personne ne pourrait établir de lien avec elle ni se sentir proche d'elle. D'un autre côté, en voyant Amma exprimer autant de sentiments humains, nous avons tendance à oublier sa grandeur et son aspect divin.

En Australie, un enfant de cinq ans avait assisté avec sa mère à un programme spirituel au cours duquel il avait reçu une jolie pomme. Un mois plus tard, sa mère lui apprit qu'ils allaient rencontrer une sainte indienne appelée Amma. L'enfant demanda immédiatement : « Est-ce qu'Amma va aussi me donner une pomme comme l'autre personne ?» La mère n'avait jamais vu Amma. Elle ne put que répondre : « Je ne sais pas.»

Ils sont allés voir Amma, ont reçu son *darshan*, et, comme ils s'éloignaient, Amma rappela soudain l'enfant pour lui tendre une pomme. Beaucoup d'autres enfants allaient également au *darshan* ce jour-là, mais aucun d'eux ne reçut de pomme. Le petit garçon était très heureux. Sa mère pleurait de joie, tout en se demandant comment Amma avait pu savoir que son fils désirait une pomme.

Dès que Swami Amritagitananda, l'un des premiers disciples

d'Amma, a fait sa connaissance, il a voulu habiter à l'ashram, mais Amma a jugé que ce n'était pas le bon moment car il était déjà engagé dans un autre ashram où il prenait des cours de Védanta. Elle lui a dit de terminer son apprentissage avant de demander la permission de venir à Amritapuri. Comme cette réponse l'attristait, Amma l'a rassuré et lui a suggéré de lui écrire, promettant de répondre à ses lettres.

Dès son retour à Bombay, il a commencé à écrire à Amma. Il lui a envoyé un paquet de sept lettres, mais Amma n'y a pas répondu.

Juste avant la fin de ses cours, Swami Amritagitananda écrivit de nouveau à Amma pour lui apprendre qu'il avait la permission de ses enseignants d'entrer dans son ashram. Comme Amma, encore une fois, ne répondait pas, il se persuada qu'elle ne voulait pas de lui dans son ashram. Il croyait de plus, devoir renoncer à toute vie spirituelle, puisqu'il avait déjà annoncé qu'il quitterait l'ashram de Bombay après la fin des cours. Il décida donc de retourner chez lui et de chercher du travail. Dès que l'idée de reprendre une vie profane jaillit dans son esprit, il cessa toute pratique spirituelle.

Trois jours plus tard, il reçut une petite lettre d'Amma. Elle avait écrit sur un bout de papier : « Mon fils, tu as cessé tes pratiques spirituelles, tu as complètement perdu le contrôle de ton mental. Recommence à pratiquer. Amma est avec toi. » En prenant conscience qu'Amma l'avait accompagné à chaque étape de son parcours, il se sentit envahi de joie. Il reprit sa pratique spirituelle et ses cours terminés, entra à l'ashram.

Swami Pravanamritananda, un autre des premiers disciples d'Amma a fait un jour une expérience qui démontre qu'Amma lit en nous à livre ouvert. Après avoir vu un film émouvant sur Adi Shankaracharya, l'un des grands Maîtres du Védanta, il sentit s'éveiller en lui un profond intérêt pour la méditation. Il pratiqua et se rendit même auprès de certains sannyasins pour obtenir des réponses aux nombreuses questions qu'il se posait, sans pouvoir obtenir les éclaircissements souhaités.

Un jour, il rendit visite à sa tante qui habitait près de l'établissement où il poursuivait ses études. Celle-ci était une dévote d'Amma. En entrant dans la maison, il remarqua une jeune femme habillée de blanc. Il aperçut aussi des gens qu'il savait être des dévots d'Amma, il n'avait donc aucun doute sur son identité. Il la trouvait bien jeune et se demanda : « Comment cette jeune femme peut-elle tout connaître ? » Il passa dans la pièce voisine pour lui échapper. Amma entra immédiatement dans cette pièce, s'assit à côté de lui, lui saisit le bras, disant : « Mon fils, je voulais faire ta connaissance et t'entendre chanter. » Les autres dévots arrivèrent un par un et entourèrent Amma. Sans que personne ne lui en fasse la demande, Amma se mit à parler de méditation. En quelques minutes, non seulement Amma clarifia tous ses doutes, mais en plus, donna une explication très précise de ce qu'est la méditation. Il fut convaincu qu'elle s'adressait à lui et il eut la certitude de son omniscience.

Swami Pranavamritananda raconte une autre anecdote qui prouve qu'Amma capte chacune de nos pensées erronées. Un jeune, habitué de l'ashram, était assis derrière Amma, après le *darshan*. Il se réjouissait d'être en présence d'Amma. Il était également conscient de ce que faisaient ses voisins. Il se demandait en les voyant s'asseoir autour d'Amma après leur *darshan* : « Pourquoi tous ces gens restent-ils assis sans rien faire ? Ils feraient mieux de se rendre utiles. » Juste à ce moment, Amma se tourna vers lui, le regarda dans les yeux et lui dit : « Lève-toi et va travailler, paresseux ! » Abasourdi devant l'omniscience d'Amma, il se leva d'un bond et courut aux cuisines, sa place, pour travailler. Sans oublier de se remplir l'estomac !

Quand nous prenons conscience qu'Amma sait tout de nous, qu'elle connaît nos moindres souhaits et désirs secrets, nous pensons à elle continuellement et restons reliés à elle.

Chapitre 6

Éveiller et développer notre potentiel spirituel

Trouvez votre grandeur dans le Soi

uddhared ātmanā'tmānaṁ nā'tmānam avasādayet
ātmai'va hy ātmano bandhurātmai'va ripur
ātmanaḥ

« Elevez-vous grâce à votre Soi.
Ne pensez pas du mal de vous, ne vous condamnez pas.
Seul le Soi est l'ami et l'ennemi du soi. »

Bhagavad Gita, chapitre VI, verset 5

Puisque votre conscience est divine, ne vous condamnez jamais, quelle que soit la situation dans laquelle vous vous trouvez. Laissez le monde entier rire de vous, dire que vous êtes un raté, n'y prêtez aucune attention. N'ayez pas une once d'apitoiement sur vous-même. Le pouvoir qui est en vous est infini. Accrochez-vous à ce pouvoir de Vérité et prenez conscience de votre potentiel.

La vie d'Amma a été un défi permanent. Elle a pourtant affronté chaque situation avec courage et détermination. Amma nous montre la voie à suivre pour réaliser notre essence divine en dépit des problèmes de la vie. Le divin est en nous dès la naissance, il est notre nature réelle. La rencontre avec un Maître comme Amma nous inspire le désir d' entreprendre une quête spirituelle. Un Maître authentique est une source d'inspiration constante.

Bien qu'Amma soit un être d'exception, elle a grandi comme toutes les autres fillettes du village, sans privilège particulier. Elle n'a pas vécu dans le luxe, au contraire, elle a dû se battre à chaque étape de son existence, mais jamais elle n'a baissé les bras. Quand Amma a commencé à donner le *darshan* en *Krishna Bhava* et en *Devi Bhava*, certaines personnes l'ont calomniée parce qu'elle prenait des hommes dans ses bras. Les villageois la considéraient comme une personne ordinaire, ils ne voyaient en elle ni Krishna, ni Dévi et ils l'ont accusée de manipuler ses dévots au nom de la dévotion. Amma a continué malgré tout à donner le *darshan* avec tout son amour et aujourd'hui, elle étreint, chaque année, des centaines de milliers de fidèles de par le monde.

Lorsqu'elle a consacré le premier temple *brahmasthanam*[6], à Kodungallour, dans le Kérala, les autorités religieuses et les prêtres ont contesté le fait qu'une telle cérémonie soit célébrée par une femme. Amma n'a pas abandonné et aujourd'hui, elle a déjà consacré dix-sept temples identiques qui sont une source de réconfort pour les milliers de gens qui viennent y prier.

Amma aurait très bien pu se laisser arrêter par n'importe laquelle de ces difficultés et se considérer comme une incapable. Elle n'en a rien fait. Elle a affronté toutes les oppositions et toutes les critiques sans se laisser affecter. Au contraire, elle avait la ferme intention de mener sa mission à bien. Sa vie est le meilleur exemple à suivre.

Rendre le mental imperméable

Les premières années, beaucoup de gens étaient fermement opposés à Amma, bien qu'elle ne leur ait jamais fait de mal. Les villageois ignoraient tout de la spiritualité et de la vie d'ashram.

[6] Conçus par l'intuition divine d'Amma, ces temples uniques sont les premiers à montrer plusieurs divinités sur la même statue. Celle-ci a quatre côtés, chacun représentant une divinité différente : Ganesh, Shiva, Dévi et Rahou. L'accent est mis sur l'unité sous-jacente aux différents aspects du divin.

Ils étaient également jaloux car ils ne pouvaient concevoir qu'une jeune fille du village, semblable aux autres à leurs yeux, devienne aussi célèbre. Les gens venaient de toute l'Inde et d'autres parties du monde pour voir Amma. Les villageois, par ignorance autant que par jalousie, ont commencé à créer des problèmes. Ils avaient tant de haine et d'hostilité contre Amma qu'ils voulaient se débarrasser d'elle à tout prix.

A cette époque, Amma se rendait dans différentes maisons pour y accomplir des *pujas* (pouja, une forme cérémoniale de culte). Beaucoup de familles étaient victimes de magie noire. Ceux qui pratiquaient ces méfaits à l'aide de mantras spéciaux, imprégnaient de mauvais esprits certains objets, comme une conque ou un talisman. Ensuite, ils enterraient l'objet devant la maison choisie pour cible, ou dans l'arrière cour. Beaucoup de ces familles affectées venaient voir Amma. Elle accomplissait une *puja* chez eux pour les aider, ou bien elle désignait un endroit précis de la cour, où ils devaient creuser pour déterrer l'objet maudit. Ils n'avaient plus qu'à s'en débarrasser pour se libérer de la malédiction.

En fait, Amma n'aurait eu aucun besoin de faire tout cela. Si quelqu'un avait effectivement pratiqué de la magie noire, son *sankalpa* (décision divine) suffisait à en annuler les effets. Parfois, Amma détournait même les effets de la malédiction sur elle, épargnant ainsi les membres de la famille. Mais beaucoup de ses dévots n'avaient pas une ferme conviction du pouvoir d'Amma et elle effectuait des *pujas* dans leur maison pour les tranquilliser.

Lorsqu'elle allait dans ces maisons, il arrivait souvent que des gens se moquent d'elle, l'injurient et parfois même lui lancent des pierres. Personne d'autre n'aurait pu affronter une telle hostilité avec autant de force de caractère et d'équanimité. L'agressivité de tous ces gens, quel que soit leur nombre, ne l'affectait pas le moins du monde. Un esprit établi dans la Vérité Suprême est hors d'atteinte. Il continue de sourire même s'il est menacé de mort.

Amma représente un exemple parfait de la grandeur de ces êtres établis dans le Soi.

A cette époque, les parents d'Amma la réprimandaient durement. Ils étaient très stricts car ils avaient trois autres filles à marier et craignaient que la réputation de leur famille ne soit salie. En ces temps-là, en Inde et surtout dans les villages, il était interdit aux jeunes filles et aux jeunes garçons de se fréquenter. Si une adolescente passait trop de temps avec un garçon, ses parents se mettaient en colère. Les gens commençaient à répandre des ragots sur son compte. Personne n'épousait une fille à la réputation compromise. C'est pour cette raison que les parents d'Amma insistaient beaucoup pour que nous, les garçons, quittions l'ashram dès la fin du *Devi Bhava*. Personne n'était autorisé à rester. Nous voir ainsi chassés attristait Amma, mais elle n'y pouvait rien, car elle habitait encore chez ses parents.

Un jour, je me suis attardé après la fin du *Devi Bhava*, pour attendre un autre dévot. Amma m'a vu, alors elle est venue me demander pourquoi je restais assis et si j'avais un problème. Dès que sa mère l'a aperçue en conversation avec moi, elle s'est approchée et elle l'a grondée avec des mots très durs et cruels. Elle a tiré violemment Amma par le bras pour la ramener à la maison.

Il m'était insupportable de voir que, par ma faute, Amma avait reçu une correction si sévère. J'étais profondément blessé et choqué par les termes crus qu'avait employés sa mère pour s'adresser à elle. Amma est retournée au temple un peu plus tard. Je me suis caché derrière un mur pour ne pas lui causer de problème supplémentaire. Je me suis ensuite rendu au temple où j'ai trouvé Amma en train de méditer comme si rien ne s'était passé. Pour ma part, j'ai été incapable de méditer pendant plusieurs jours, tellement j'étais touché par la manière dont Amma avait été maltraitée. J'avais de la peine et quand je repense à cet incident aujourd'hui, les larmes me montent aux yeux.

Cependant, il ne sert à rien de critiquer le comportement des parents d'Amma. Ils voulaient juste marier leurs filles, comme n'importe quels parents. Si l'une d'elles ne s'était pas mariée, c'en était fait de la réputation de la famille, ce qu'ils redoutaient. Et puis, à cette époque, ils ne savaient pas qui était Amma. Ils n'avaient pas le bagage spirituel nécessaire pour la comprendre. Leur attitude a évolué avec le temps. Ils ont lu des livres, discuté avec des dévots et pris conscience progressivement de sa grandeur. S'ils l'ont si durement traitée pendant ses jeunes années, c'est uniquement par ignorance.

En repensant à cet incident survenu après le *Devi Bhava*, je comprends l'importance du détachement et de l'équanimité face aux événements négatifs. Amma, nous l'observons tous les jours, a une attitude égale en toutes circonstances. Son esprit est imperméable à la critique comme à la louange. Elle est toujours établie dans le Soi.

« Ne vous contentez pas de l'état de conscience ordinaire qui règne dans le monde matériel. Il existe un état suprême de béatitude, un état d'omniscience et d'omnipotence, qui peut être atteint par chacun de vous. Orientez votre mental et vos actions dans ce sens et efforcez-vous de réaliser le but ultime. », nous dit Amma.

Nous avons tous un mental imparfait : certains éprouvent une grande colère, d'autres de la haine, de l'impatience, de la jalousie, ou de l'avidité. Mais nous avons aussi des qualités. Travaillons dur pour éliminer les défauts du mental et améliorer ses qualités. Nous connaîtrons ainsi le véritable bonheur et notre vie sera une bénédiction pour le monde.

La perception dépend de celui qui perçoit

Quand nous sommes envahis par une émotion négative, cherchons à la remplacer par une autre, positive. Si, par exemple, nous ressentons de la haine envers quelqu'un, essayons de cultiver ou d'entretenir un sentiment d'amour pour lui. Ecoutons Amma qui nous suggère de nous rappeler une parole agréable de cette personne, une bonne action qu'elle a accomplie, ou un service qu'elle nous a rendu. Nous pourrons ainsi éliminer progressivement la haine de notre mental. Quand nous sommes en colère contre quelqu'un, tentons d'éveiller en nous de la compassion ou de la bienveillance envers lui. Sans aller jusqu'à le prendre dans nos bras et lui dire que nous l'aimons beaucoup, efforçons-nous d'être indulgent et aimable avec lui. Que nous commencions aujourd'hui ou que nous remettions à demain, si nous voulons vraiment nous débarrasser de l'agitation et du fardeau engendrés par nos sentiments négatifs, il nous faut impérativement ressentir et exprimer de l'amour .

Si nous sommes contrariés ou attristés par les échecs que nous avons rencontrés, pensons plutôt à nos réussites et remercions Dieu. Ainsi, en remplaçant progressivement un sentiment négatif par un sentiment positif, nous diminuerons la force des émotions négatives.

Vous êtes en train de regarder un rosier en fleurs. Vous pouvez le voir de deux façons différentes. La première consiste à vous réjouir des fleurs magnifiques qui émergent au milieu des épines. C'est la façon positive de regarder. Dans la deuxième, votre regard se focalise sur les épines et vous en voulez au Créateur d'en avoir tant mis sur de si belles fleurs. Nous avons le choix : soit nous contemplons les fleurs, soit nous ne voyons que les épines. Les fleurs existent, les épines aussi. Ce que nous voyons dépend de notre regard, de notre point de vue. De la même manière, considérer les expériences heureuses nous rend plus forts alors que ressasser celles qui furent douloureuses nous affaiblit et nous déprime.

Notre vie est faite de succès et d'échecs. A l'heure de la réussite, exprimons notre gratitude envers Dieu. En cas d'échec, recommençons et si, malgré tout, nos efforts ne sont pas couronnés de succès, acceptons la situation avec une attitude positive. Nous arrivons à survivre au milieu des puissantes forces de la nature, même si nos compétences et nos connaissances sont faibles et limitées. Nous sommes si petits et insignifiants, face à l'immensité de la création, qu'un accident ou la mort peuvent survenir à tout moment. Le matin, au réveil, nous devrions être reconnaissants envers Dieu d'être vivants. Voici la façon positive de voir la vie. Celle que nous menons est le résultat de nos actions passées. Nous pouvons donc, dans le présent, corriger et adapter notre manière de vivre pour nous construire un futur meilleur. C'est pourquoi Amma dit que nous devons vivre pleinement et positivement le présent. En ruminant les échecs du passé et en appréhendant les problèmes futurs, nous ne pouvons pas faire un bon usage du présent. Amma dit : « Le présent est un présent de Dieu. Faites en bon usage. »

Swami Paratmamananda, également l'un des premiers disciples d'Amma, devait subir une opération chirurgicale de la colonne vertébrale aux USA. La plupart des dévots dans cette situation désirent en parler à Amma pour recevoir sa bénédiction. Il est certain qu'à un tel moment, quelques paroles d'Amma consolent et encouragent grandement. Swami Paratmamananda essaya plusieurs fois de téléphoner à Amma, en vain. Amma en fut informée et tenta de le contacter, mais les lignes téléphoniques étaient en dérangement. Puis elle se rendit dans une ville où l'attendaient de grandes foules. Elle était si occupée qu'elle n'a pas eu le temps de le rappeler.

L'intervention de Swami Partmamananda se passa bien. Quelques jours plus tard, Amma l'appela pour avoir de ses nouvelles. Elle lui demanda s'il était en colère contre elle parce qu'elle ne lui avait pas téléphoné. Il répondit : « Non Amma. J'ai prié Amma à l'intérieur de moi et je me suis senti vraiment en paix. »

Ainsi, au lieu de se sentir abattu par le silence d'Amma, il avait a puisé courage et réconfort dans sa présence intérieure.

Dans ce genre de situations, où nous ne recevons pas d'attention personnelle de la part d'Amma, essayons de trouver détermination et soutien dans sa présence intérieure, plutôt que de nous attrister. Ces situations peuvent nous aider à ressentir la présence du Maître en nous et à développer notre force et notre maturité. En fonction de notre approche et de notre façon de voir les choses, une même situation peut être perçue soit comme une pierre d'achoppement, soit comme un tremplin.

L'amour désintéressé d'un Satgourou

Beaucoup se prennent pour de grands Gourous. En général, les véritables Maîtres ne proclament rien du tout. Qui allons-nous prendre comme Maître ? S'en remettre à un faux Gourou peut nous conduire au chaos et à la confusion. Existe-t-il des repères pour prendre cette décision importante sans courir de risque ?
On reconnaît un *satguru* à l'amour et à la compassion inconditionnels qu'il répand sur tous et à son absence d'avidité pour l'argent, le pouvoir ou la renommée.

« Tomber amoureux » est une expérience familière à la plupart d'enre nous. A l'inverse, en présence d'un *satguru*, nous vivons la beauté qu'il y a à « s'élever en amour », suivant l'expression d'Amma. Le contact magique de cet amour divin sanctifie et purifie toutes les situations, les relations et les situations que nous vivons. Il nous donne l'occasion d'apprendre à aimer de manière désintéressée. Il est très difficile d'aimer une idée de tout son cœur, aussi noble et grande soit-elle. Après avoir rencontré Amma, il devient plus facile d'aspirer à cet amour pur.

Le mental humain a besoin d'un contact personnel pour que les graines de l'amour puissent germer. Amma est heureuse de donner à chacun l'amour et l'attention qu'il recherche. Elle ne s'intéresse qu'à notre bien-être et à notre croissance. Elle ne demande rien en échange.

Amma est accessible, nous pouvons facilement tourner notre cœur vers elle. Au moins, essayons de l'aimer sans rien attendre. Elle ne reste incarnée dans un corps physique que par altruisme, pour offrir un support concret à notre amour désintéressé.

Bien qu'un Maître apparaisse dans un corps physique, il représente la vérité qui est au-delà du corps. Il incarne celle-ci à la perfection, ainsi que l'amour inconditionnel et la compassion et, par son intermédiaire, nous pouvons les percevoir.

Lorsque nous vivons des événements douloureux après notre rencontre avec un Gourou, considérons les comme un moyen d'effacer ou d'épuiser notre karma passé. Amma serait capable de prendre sur elle notre *karma* ou de l'alléger, mais, dit-elle : « Nous devons en faire partiellement l'expérience. »

Le *karma* est le résultat de ce que nous avons fait dans le passé. Nous devons donc tous traverser les expériences qu'il a engendrées. Mais la Grâce du *satguru* peut diminuer notre souffrance. Et si un mauvais *karma* ne peut être réduit, le Maître va nous aider et nous donner la force mentale nécessaire pour affronter la situation.

Quand nous vivons un moment douloureux, ce n'est pas faute d'être soutenus par notre *Satgourou*, c'est à cause de la nature de notre *karma* négatif. N'en faisons pas porter la responsabilité au Gourou. On entend souvent des gens dire : « Regardez combien d'années cela fait que je prie mon Gourou ! Et pourtant, voilà ce qui m'arrive ! » Comptons plutôt tous les bienfaits que nous en avons reçus, notre foi s'en trouvera renforcée.

En blâmant le Gourou ou en s'éloignant de Lui, on court le risque de connaître davantage de douleur, de souffrance. Celui qui fuit le médecin pour éviter la douleur de la piqûre ne fait que refuser au praticien la possibilité de lui épargner une souffrance plus importante.

J'aimerais raconter une histoire à propos de Swami Pur-
namrit-ananda, l'un des disciples de longue date d'Amma. Cette
anecdote remonte à de nombreuses années, peu de temps après sa
rencontre avec Amma. A cette époque, Swami Purnamritananda
(qui s'appelle alors Srikumar) habite encore chez ses parents mais
il a l'habitude de rester à l'ashram nuit et jour sans retourner à
la maison. Il est fils unique et ses parents n'apprécient pas cette
situation. Ils essaient souvent de le dissuader d'aller à l'ashram.
Mais, comme il est inflexible, ils aboutissent à un compromis : il
peut passer la journée avec Amma, mais il doit rentrer à la maison
pour la nuit. Comme convenu, il vient tous les jours à l'ashram et
s'en va après les *bhajans* afin de tranquilliser ses parents.

Un soir, il se prépare à partir, mais Amma lui dit de passer la
nuit à l'ashram. Swami Purnamritananda répond que s'il reste, ses
parents ne le laisseront sûrement pas revenir le lendemain. Amma
insiste et comme il ne veut pas lui désobéir, il accepte de rester.

Après le dîner, Swami Purnamritananda se promène autour
du petit temple en récitant son mantra. Il entend un bruissement
dans l'herbe tout près de lui et s'arrête pour en trouver l'origine.
Soudain, il sent au pied une douleur violente comme un coup
de poignard. En examinant le sol, il distingue la silhouette d'un
serpent qui rampe dans l'ombre.

Sous l'effet du choc et de la douleur, il crie. Amma, assise
avec d'autres brahmacharis à l'intérieur du temple, se lève d'un
bond et se précipite vers lui. Incapable de prononcer une parole,
il montre la blessure à Amma. Sans une hésitation, elle se penche
sur lui, applique sa bouche sur la morsure et aspire le poison qu'elle
recrache ensuite. Elle répète la même opération plusieurs fois,
puis elle lui bande le pied. Swami Purnamritananda est malgré
tout encore choqué et elle l'envoie consulter un guérisseur local
spécialisé dans les morsures de serpents.

Après l'avoir examiné, le guérisseur lui dit qu'il a été mordu par un serpent extrêmement venimeux, mais que le poison semble évacué et qu'il s'en sortira bien. Il lui donne un traitement d'herbes médicinales et le laisse partir.

Un peu plus tard cette nuit-là, Amma dit à Swami Purnamritananda qu'il traverse une mauvaise période astrologique. Sachant que ses parents ne le croiraient pas sur la foi d'un simple « Amma a dit que… », elle lui conseille de consulter un astrologue.

Le lendemain matin, il retourne chez lui. Ses parents sont en colère, ils lui en veulent de ne pas être rentré de la nuit. Il leur demande de le laisser s'expliquer et leur montre sa blessure au pied. Ils répondent seulement que s'il avait tenu sa promesse et était revenu à la maison la nuit précédente, il n'aurait pas été mordu par un serpent.

Swami Purnamritananda les met également au courant des dires d'Amma sur sa mauvaise conjoncture astrologique. Ils reconnaissent qu'une morsure de serpent est un mauvais présage et ils le conduisent quelques jours plus tard chez un astrologue. Celui-ci regarde le thème de son client, très étonné de le voir encore vivant ! D'après lui, il devait mourir d'une morsure de serpent cette nuit-là, où qu'il se soit trouvé. « Vous êtes vraiment sous la protection de Dieu ! », conclut l'astrologue.

« Regardez. Vous dites que j'ai été mordu par un serpent parce que je suis resté avec Amma cette nuit-là, mais en fait, cela me serait arrivé n'importe où. Si j'avais été à la maison, auriez-vous aspiré le venin de ma blessure comme l'a fait Amma ? Et puis, nous habitons dans un endroit isolé, je n'aurais pas pu arriver à temps à l'hôpital. A l'heure qu'il est, je serais mort si j'avais désobéi à Amma », explique Swami Purnamritananda.

La nature de certains *karmas* est telle qu'ils doivent être vécus dans un corps humain. Si Amma enlève un tel *karma* à quelqu'un, elle devra en prendre les effets sur elle-même. Elle dit que si elle lui retire une maladie grave, elle lui épuise son *karma* en quelques minutes alors qu'il en aurait souffert pendant des années.

L'un des *brahmacharis*, très qualifié, avait un travail intéressant. Sa rencontre avec Amma l'a complètement transformé. En quelques jours, il quitta son emploi et entra à l'ashram. Amma le mit en garde et lui dit de s'attendre à des difficultés de la part de sa famille.

Ses parents et ses proches firent tout leur possible pour lui faire quitter l'ashram. Ils essayèrent même de l'enlever. Mais leurs tentatives échouèrent. En fin de compte, ils eurent recours à la magie noire. Ils lui jetèrent un sort assez puissant pour le rendre gravement malade, voire même pour le tuer. Nous n'en savions rien, c'est Amma qui nous l'apprit quelques mois plus tard.

Amma fut prise d'une toux subite. Son état empirait et au bout de quelques jours, elle toussait sans arrêt. Cependant, curieusement, pendant le *Devi Bhava*, les quintes s'arrêtaient, pour reprendre de plus belle à la fin de celui-ci. Nous avons essayé de persuader Amma de voir un médecin, mais elle refusa. Tous les *brahmacharis* étaient profondément bouleversés. Beaucoup d'entre nous voulions faire pénitence pour la santé d'Amma et nous entreprîmes un jeûne. Quand Amma l'apprit, elle nous dit d'arrêter, mais nous refusâmes car nous voulions continuer jusqu'à ce qu'elle fût guérie. Elle nous annonça alors que sa santé serait rétablie dans une semaine, avec ou sans notre jeûne, avec ou sans médecin, car la toux n'était pas causée par une infection ni une maladie, mais par la magie noire.

La toux d'Amma disparut soudain, exactement comme elle l'avait prédit, au bout d'une semaine, et elle retrouva la santé. Elle nous apprit que si elle n'avait pas détourné sur elle le mauvais sort, celui-ci aurait tué la personne à qui il était destiné. Elle avait donc pris sur elle, par compassion, les effets de cet acte malveillant.

L'importance des pratiques spirituelles

Quand on s'engage sur le chemin spirituel pour parvenir au but ultime, il ne faut pas s'attendre à le trouver jonché de roses. Au contraire, c'est un chemin difficile, mais les embûches dont il est semé ne sont pas une excuse pour abandonner. Songez à la plénitude et à la perfection que l'on obtient en réalisant l'union avec le Suprême, l'état de Yoga.

Il nous arrive parfois de faire un compromis avec notre pratique spirituelle, avec la méditation. Nous avons souvent quelque chose de « plus important » à faire à la place. La méditation et autres disciplines se trouvent sur la liste de nos activités quotidiennes, mais reléguées à la dernière place des priorités. Nous justifions même notre décision en jugeant qu'elles peuvent attendre à demain. Le manque d'assiduité dans notre pratique est l'une des raisons qui nous empêchent de progresser régulièrement sur la voie spirituelle.

Pour avoir un résultat sensible, la quête spirituelle doit être sincère. Soyons bien conscients de la nécessité et de l'urgence de la pratique.

Il y a beaucoup de gens très occupés, qui réussissent néanmoins à se ménager un créneau d'une heure ou deux pour marcher ou faire de l'exercice sur la recommandation du médecin. Ils savent que, sinon, ils auront de graves problèmes de santé. Si occupés qu'ils soient, ils ne négligeront pas leur activité physique.

De même, la méditation devrait occuper une place importante de notre vie quotidienne. Amma dit toujours que la méditation, le *japa* (récitation d'un mantra), et les autres activités spirituelles sont de l'or. Ces pratiques nous apportent non seulement la croissance spirituelle, mais aussi la prospérité matérielle. En plus, elles contribuent à notre santé émotionnelle et mentale. Le temps qu'on y consacre n'est donc jamais perdu.

La démarche spirituelle à mi-temps

On peut passer toute une journée à écouter parler de Dieu et à ne penser qu'à Lui et se convaincre le lendemain qu'en raison des activités spirituelles de la veille, il est légitime de regarder la télévision au lieu de méditer. Il est impossible de progresser en pratiquant un jour sur deux. Pour retirer tout le bienfait de la méditation, suivons l'enseignement d'Amma : « Tout ce que vous faites, tout ce que vous dites ou pensez devrait être une préparation à la méditation. » Sinon, cela revient à avancer de dix pas pour reculer de dix.

Notre réussite, dit-on, est due pour moitié à nos efforts et pour moitié à la Grâce de Dieu. Certains calculent : « Je me contenterai d'un demi-succès. Que Dieu me donne sa part le premier et ensuite je me détendrai et je me reposerai ! » Selon Amma, en faisant moitié-moitié il est impossible de recevoir le bénéfice entier de ses pratiques. L'eau bout à 100 degrés. Cela ne veut pas dire qu'à la température de 50 degrés, la moitié de l'eau se mette à bouillir.

Un homme en voyage d'affaires se retrouva coincé à mi-parcours dans une petite ville. Il passa la nuit dans un motel. Cela faisait deux ou trois semaines qu'il se déplaçait, aussi sa famille lui manquait-t-elle et surtout le délicieux poulet au curry que sa femme cuisinait souvent. Il se dit : « Ce serait formidable de manger un poulet au curry comme elle sait le faire ! » Cette idée l'obsédait et son désir devint irrésistible. Il consulta l'annuaire. A son agréable surprise, il découvrit qu'il existait, à deux pas, un restaurant qui servait ce mets. Comme il était déjà tard et qu'il ne voulait pas rater l'occasion, il prit un taxi pour s'y rendre. Au menu, le plat de ses rêves ! A peine avait-il commandé qu'il était déjà servi. Il s'étonna de l'abondance de sa portion. Pour un prix raisonnable, son assiette était remplie de morceaux de blancs de poulet. Il pensa conseiller ce restaurant à tous ses amis. En commençant à manger, il réalisa : « Ils m'ont peut-être donné beaucoup de poulet, mais il a un goût de steak. » Il appela le serveur et demanda : « Que m'avez-vous servi ?

- Du blanc de poulet, monsieur, rien d'autre. » répondit-il.

Insatisfait de la réponse, il se précipita sur le directeur et éleva la voix : « J'ai commandé un poulet au curry et on m'a servi quelque chose d'autre. Cela n'a pas un goût de poulet.

- Non monsieur, c'est bien du poulet. Il n'y a rien d'autre dans votre assiette.

- Je ne vous crois pas, je vais porter plainte auprès des autorités.

- Si vous n'êtes pas satisfait, je vais vous rembourser. La vérité, c'est que nous sommes à court de poulet aujourd'hui, et nous avons ajouté un peu de steak au poulet au curry.

- Seulement un peu ! Mais tout a un goût de steak. Quelle proportion de steak avez-vous ajoutée ?

- Nous avons simplement fait moitié-moitié, monsieur.

- Moitié-moitié ? Je ne vous crois pas. Vous me dites que vous avez mis le même poids de poulet et de bœuf ?

- Pas exactement, monsieur, je veux dire un poulet pour un bœuf. »

Rien d'étonnant à ce que l'homme d'affaires n'ait pas trouvé de poulet dans son assiette !

On peut passer une journée dans un ashram et aller le lendemain au casino. Si nous manquons de réceptivité, l'effet d'un séjour à l'ashram, même si nous y restons une journée entière, sera minime. En revanche, l'influence du temps passé au casino sera très forte à cause de nos *vasanas* puissantes. Dans ce contexte, tout bénéfice retiré de la pratique spirituelle sera amoindri, comme le goût du poulet est camouflé par celui du bœuf.

D'après Amma, il est important de maintenir une discipline dans la vie pour profiter au mieux des bienfaits de la pratique spirituelle. Nous pouvons, par exemple, jeûner, faire un vœu de silence à certaines heures ou certains jours, méditer davantage, consacrer plus de temps à la récitation d'un mantra, lire des ouvrages spirituels, etc. La discipline spirituelle peut prendre n'importe quelle forme en fonction de ce qui nous correspond le mieux.

Chapitre 7

Préparation à la méditation

Aum Shanti, Shanti, Shanti

hanti signifie paix. Les rites propitiatoires se terminent très souvent par le mantra : « *Aum shanti, shanti, shanti.* » Nous récitons trois fois le mot « paix », car les perturbations qui brisent notre paix proviennent de trois sources.

1) Des forces naturelles (*adhi daivikam*) : Les tremblements de terre, les cyclones, les inondations, la chaleur et le froid, par exemple. Pouvons-nous méditer tranquillement quand la terre tremble ou que l'eau envahit la maison ? Nous n'avons aucun contrôle sur ces phénomènes. Nous ne pouvons que courir nous mettre à l'abri et prier pour que la nature s'apaise.

2) De notre environnement immédiat (*adhi bhautikam*) : Le fils du voisin qui joue de la « pop music » ou du disco trop fort, son chien qui aboie, peuvent gêner notre méditation. Les moustiques, les mouches, les voitures qui passent, sont autant d'obstacles. Nous en éliminons quelques uns, ceux sur lesquels nous avons un certain pouvoir. Si le fils du voisin, par exemple nous dérange trop, nous pouvons toujours discuter avec lui et ses parents et en dernier recours nous adresser à la police. Ou bien, si les moustiques nous ennuient, nous méditons sous une moustiquaire, ou utilisons un produit qui les éloigne.

3) De l'intérieur de nous-mêmes (*adhyatmikam*) : Nous sommes tous victimes de ces agents perturbateurs internes que sont l'aversion, l'attraction, la colère, la jalousie, l'agitation, la nervosité, etc. Même si nous sommes actuellement à leur merci, nous pouvons espérer les contrôler totalement par une pratique

spirituelle appropriée. Il est possible par la vigilance et le discernement de venir à bout de toute la négativité du mental. Ces perturbations intérieures sont les plus puissantes de toutes, plus puissantes même que celles engendrées par un cyclone ou un séisme, car elles détruisent tout bonheur ou toute paix. Elles peuvent, heureusement, disparaître complètement, contrairement à celles des deux premières catégories.

Amma raconte l'histoire d'un homme à la recherche du lieu de méditation idéal. Il essaie plusieurs endroits, mais partout, il rencontre un obstacle : le gazouillement des oiseaux, l'aboiement des chiens, le bruit des gens qui crient et se disputent. Il décide alors qu'il lui faut une pièce insonorisée. Il s'installe donc dans une pièce isolée du bruit et s'assoit pour méditer. Tout le monde sait que, dans le silence absolu, le moindre son est perçu comme un bruit énorme. Si bien que même le tic-tac de sa montre le dérange. Il le trouve si bruyant, qu'il jette sa montre loin de lui et se remet à méditer. Au bout d'un moment, voilà qu'il entend les battements de son cœur. Que faire ? Si l'on peut se débarrasser d'une montre, on ne peut en faire autant de son cœur !

Amma dit que le monde étant vivant, il est impossible de trouver un endroit sans nuisance. Il y a tant d'activité dans le monde qu'il y aura toujours du bruit pour nous gêner. Si rien ne nous dérangeait dans notre effort de méditation, il est probable que nous nous endormirions. Nous sommes nombreux à nous endormir très facilement dans une ambiance calme. Beaucoup d'ailleurs n'ont aucun mal à s'endormir au milieu du bruit. J'en ai même vu dormir à poings fermés dans une pièce où l'on chantait des *bhajans* à pleine voix !

Dans les premiers temps, l'ashram était très modeste, ne comprenant qu'un petit temple et les quelques huttes où nous vivions, entourés par la lagune. Non loin, quelques villageois fabriquaient des rouleaux de corde en fibre de noix de coco.

On fait tremper l'enveloppe fibreuse des noix de coco (l'enveloppe verte externe) dans l'eau de la lagune pendant plusieurs jours. Puis on l'en sort et on la frappe avec un bâton pour séparer chaque fibre. On réalise la corde en torsadant ensemble les fibres.

Tous les matins, à partir de sept heures, nous entendions le vacarme de trois cents femmes qui tapaient sur les fibres de coco avec leur bâton en parlant bruyamment ! Ce bruit nous dérangeait vraiment. Et il commençait en même temps que notre séance de méditation avec Amma. Cela a représenté pour nous tous un bon entraînement à dépasser les perturbations extérieures.

Amma disait : « Il est facile de méditer dans les grottes de l'Himalaya. Là-bas, personne ne vient nous déranger. Mais quand on arrive à méditer aussi profondément sur la place du marché, on peut dire qu'on a maîtrisé l'art de la méditation. »

La pureté du mental est le facteur le plus important pour méditer. Une fois qu'à la pureté s'ajoute la maturité, rien ne peut plus perturber le mental. La méditation se fait alors spontanément.

Calmer l'agitation mentale

Au début, avant de nous plonger profondément dans la méditation, il est nécessaire de mettre de l'ordre dans le mental. Nous avons vu que nous pouvions être perturbés par l'extérieur ou par l'intérieur ; mais quelle que soit la nature du trouble, si nous ne le gérons pas, nous serons incapables de nous adonner à la méditation ou à toute autre pratique spirituelle. Une fois que nous avons rendu la situation extérieure acceptable, nous pouvons nous concentrer sur les difficultés intérieures mentionnées plus haut : l'attraction, l'aversion, la colère, l'impatience, etc. Même si l'environnement extérieur est calme et tranquille, un mental troublé compromet la méditation.

Un jour, je me trouvais devant le petit temple de l'ashram. Des bâtons d'encens brûlaient et l'air était rempli d'un parfum agréable. Un dévot s'approcha de moi et me demanda où l'on achetait ce merveilleux encens. Je lui répondis que nous le fabriquions nous-mêmes. Il bavarda un peu avec moi, puis il pénétra dans le temple pour méditer. C'est un endroit où les gens aiment bien se recueillir, car Amma y donnait autrefois le *darshan* du *Devi Bhava*, et les vibrations spirituelles y sont très puissantes. Ceux qui arrivent à s'harmoniser avec ces dernières se concentrent plus facilement dans ce lieu qu'ailleurs.

J'entrai un peu plus tard dans le temple et j'aperçus cette personne en train de méditer, assise le dos bien droit, les yeux fermés, en parfaite posture. Au bout d'un moment, le dévot quitta le temple et je lui demandai si sa méditation s'était bien passée. « Non, Swami ! me répondit-il. Dès que je me suis assis et que j'ai fermé les yeux, je me suis mis à penser à l'encens. La semaine dernière, je suis allé en acheter dans une boutique, mais je ne l'ai pas trouvé de bonne qualité et le commerçant me l'avait fait payer trop cher. Tout à l'heure, quand j'ai essayé de méditer, je n'arrêtais pas d'y repenser et j'étais très en colère contre le vendeur. J'ai passé tout le temps à me battre avec lui mentalement. »

Bien qu'il ait été assis dans le temple chargé des vibrations divines d'Amma, cet homme n'avait pas pu méditer une seule seconde. Tout ce qu'il avait réussi à faire, c'était à se battre en pensée avec le marchand !

Même si nous baignons dans l'atmosphère la plus propice, nous ne pouvons pas méditer tant que l'esprit est distrait. Voilà pourquoi il est plus important de travailler sur l'agitation intérieure que sur celle de l'extérieur. Amma dit que nous pouvons être assis dans une excellente posture alors qu'à l'intérieur nous sommes en pleine bataille et bouillants de rage, de frustration ou de haine.

Intégrer le monde intérieur et le monde extérieur

Nous débarrasser de nos tendances négatives est une entreprise absorbante et nous préférons passer un compromis et vivre avec elles. Nous préférons parfois dissimuler un sentiment négatif et nous conduire convenablement. Quand nous rencontrons quelqu'un que nous n'aimons pas du tout, nous disons quand même : « Je suis très content de te voir. » Ce n'est pas parce que nous ne l'apprécions pas que nous allons le lui faire savoir. Au contraire, nous le lui cachons car cela fait partie des bonnes manières.

Il peut nous arriver de faire la queue à la caisse du supermarché, et de devoir attendre une dizaine de minutes. Au moment où nous commençons à nous impatienter, la caissière reçoit un coup de téléphone et explique qu'elle s'absente pour quelques minutes et qu'elle sera très vite de retour. L'impatience augmente, mais pourtant, quand elle revient en s'excusant : « Je suis vraiment navrée, c'était un appel urgent ». Nous répondons : « Pas de problème, prenez votre temps. » C'est une attitude normale, une convention de politesse. En un sens, c'est une bonne chose de pouvoir cacher ou contrôler nos sentiments négatifs et de montrer une apparence positive. A un ami qui est laid, nous ne dirions jamais : « Vraiment, tu es laid comme un pou ! » Au contraire, s'il nous demandait : « Comment me trouves-tu ? », nous répondrions : « Bien », ou même : « Tu es beau. »

Il est légitime d'adopter une attitude polie, même si nos sentiments intérieurs sont en contradiction avec l'apparence que nous montrons, mais quand il s'agit de méditer, nous devons être parfaitement intègres, car nous sommes face à notre propre mental. Nous ne pouvons pas nous voiler la face ni nous mentir à nous-mêmes. C'est pourquoi il faut accorder autant d'attention à la transformation de la négativité du mental qu'à la technique de méditation. Il est impossible de méditer tant que le mental n'est pas relativement calme. Ce qui ne veut pas dire qu'il faut attendre de connaître ce calme relatif pour commencer à méditer. Cela engendrerait l'habitude de toujours repousser la pratique à plus tard. Si nous nous disons, quand nous sommes énervés, agités, que nous allons attendre un moment plus propice à la méditation, nous pouvons être sûrs que ce moment n'arrivera jamais. La méditation et le travail sur la négativité s'effectuent simultanément. Amma propose une métaphore : « Croire que vous méditerez quand le mental sera paisible et calme est aussi absurde qu'attendre sur la plage que les vagues s'arrêtent pour se baigner. C'est impossible. »

Une année, lors de son tour du Nord de l'Inde, Amma se rendit dans la ville sainte d'Haridwar traversée par le Gange. Elle décida de se baigner. L'eau était si froide que nous ne pouvions même pas y tremper les pieds. Les gens autour de nous étaient bruyants, ils soufflaient dans des conques, récitaient des mantras, les enfants criaient et les marchands vantaient leurs produits. Amma contemplait simplement le fleuve. Tout à coup, elle entra dans l'eau glacée et quelques minutes plus tard, elle était en *samadhi*. Rien ne l'affectait, ni le froid, ni le bruit, ni le monde extérieur. Cramponnée à un poteau à cause du courant rapide, immergée jusqu'à la taille, elle resta plusieurs heures dans cet état de conscience. Finalement, nous fûmes obligés de la ramener sur la rive, sinon qui sait combien de temps elle aurait passé dans cette eau gelée. Au sortir de l'eau, son corps était dur comme du bois. Les *brahmacharinis* lui frictionnèrent les mains et la plante des pieds. Elle se réchauffa et revint à elle une demi-heure plus tard.

Une fois que l'esprit a atteint un état suprême, aucune nuisance extérieure n'est un obstacle. Amma reflète cet état. Elle ne peut être affectée sans l'avoir décidé.

Entraîner le mental à rester dans le moment présent

Je me souviens d'un incident qui s'est déroulé en Suède il y a quelques années. Nous étions au dernier soir du tour d'Europe, il n'y avait plus de programme prévu et le groupe qui voyageait avec Amma avait la chance de se retrouver seul avec elle. Amma nous servit le dîner, plaisanta et raconta des histoires. Ce fut le moment le plus marquant de ces trois mois de tour. Assise à ses côtés, se trouvait une dévote qui travaillait dur pour Amma. Celle-ci lui manifestait beaucoup d'affection, lui caressait le dos et les cheveux avec amour. Cette expérience doit être merveilleuse à vivre et la femme a fait quelques envieux parmi les autres membres du groupe. Au bout de quelques minutes, elle se mit à sangloter. Nous pensions tous qu'elle était bouleversée de recevoir tout l'amour d'Amma. Amma lui demanda : « Ma fille chérie, pourquoi pleures-tu ? » Elle expliqua qu'elle était triste de ne pas avoir été informée de la méditation à laquelle Amma les avait conviés le matin même. Amma dit : « C'est du passé. Pourquoi penser à ce qui est arrivé ce matin ? Maintenant tu es assise à côté d'Amma. Personne d'autre que toi n'a cette chance. Alors, essaie de profiter au mieux de la situation. Au lieu de ressasser le passé et de te rendre malheureuse, apprécie le moment présent. »

C'est ainsi que l'on gâche beaucoup d'occasions. Amma nous répète qu'il faut vivre dans l'instant. Si nous vivons dans le passé, nous ne pouvons jouir de ce qui se passe juste maintenant. La vie est toujours dans le présent. La méditation véritable consiste à entraîner le mental à rester dans le moment présent.

Attitude et action

Avoir l'attitude juste aide aussi à méditer. Le poids de toutes nos actions, de toutes nos émotions et de toutes nos pensées se fait sentir lorsque nous nous asseyons pour méditer. Chacune d'elle est déterminante pour la qualité de la méditation. Nous devons donc faire attention à ne pas nous engager dans des activités qui entravent la méditation. Beaucoup de gestes que nous accomplissons dans la vie quotidienne ne sont pas vraiment nécessaires. Nous ne pouvons peut-être pas y mettre un terme d'un seul coup, mais progressivement, nous apprenons à les éviter. Prenons par exemple l'habitude de regarder des films d'horreur ou de lire des romans policiers. Ces activités engendrent des pensées et des émotions anxieuses qui vont se graver dans le subconscient. Il vaut donc mieux les éviter, car au moment de la méditation, ces souvenirs vont resurgir. Une compréhension appropriée nous permettra de remplacer ce genre de distractions par des activités positives, bonnes pour notre croissance spirituelle.

Au tout début, les dévots étaient peu nombreux et Amma n'avait pas encore mis en place d'institutions, ni d'œuvres caritatives. Elle passait une grande partie de son temps avec les visiteurs de l'ashram. Elle parlait avec eux, répondait à leurs questions, dissipait leurs doutes et leur accordait beaucoup d'attention personnelle. Ils avaient ainsi une occasion précieuse de se sentir proches d'elle. Un jour arriva un nouveau venu. Il ne savait pas grand chose sur Amma, mais il devait rester une semaine.

Pendant tout son séjour, il a vu Amma passer l'essentiel de son temps avec les dévots ; elle ne se souciait pas de se nourrir ou de se reposer. Il a fini par lui demander : « Amma, tu dis aux *brahmacharis* de méditer, mais toi, je ne te vois jamais méditer. Comment cela se fait-il ? »

Amma a répondu : « Chacune de mes actions est méditation. Que je donne le *darshan* aux dévots ou que je converse avec eux, je vois Dieu en eux. »

Certains d'entre vous ont sans doute entendu Amma répéter : « Amma, Amma, » quand elle reçoit des dévots. Ainsi, s'il y a mille personnes pour le *darshan*, elle récite ce mantra au moins mille fois. En Inde, ce sont des milliers de gens qui viennent recevoir son darshan, chaque jour. Donc, même son *darshan* devient un acte d'adoration. Bien sûr, Amma n'a pas besoin de réciter des mantras ni de méditer puisqu'elle est déjà établie dans la conscience divine. Elle ne le fait que pour nous servir de modèle et nous apprendre comment faire.

Amma voit le divin en chaque être humain, même ordinaire, alors que nous, nous ne sommes pas capables de reconnaître la Déesse en Amma, même après avoir vécu avec elle un grand nombre d'expériences puissantes. Nous oublions la divinité d'Amma. La plupart d'entre nous savons, du plus profond de notre cœur, qu'Amma est la Mère Divine, mais nous en souvenons-nous souvent ? Combien de fois la considérons-nous comme une simple amie ? J'ai entendu des gens s'adresser à Amma de la façon suivante : « Salut, ça va ? » et même une fois quelqu'un lui demander : « Hé ! Ma cocotte, quand est-ce que tu dors ? » En dépit du fait qu'Amma fasse preuve de qualités divines, nous avons tendance à la familiarité dans nos paroles et notre façon de nous exprimer.

Quand nous vénérons Amma, quand nous nous prosternons devant elle, quand nous lui offrons une pouja, malheureusement notre mental vagabonde. L'attitude d'Amma contraste avec la nôtre : en dépit de nos défauts et de nos imperfections, Amma voit Dieu en nous. Qu'a-t-elle besoin de méditer ?

Chapitre 8

La voie de la dévotion

Les quatre types de dévots

L'9 Hindouisme, aussi connu sous le nom de *Sanatana Dharma* (l'Eternel Chemin de la Vie), a tracé des voies variées pour atteindre la réalisation du Soi. Ces nombreuses démarches sont destinées à des chercheurs dotés de tempéraments et d'aptitudes intellectuelles différents. Aucune d'elles ne peut être considérée comme meilleure que les autres. Krishna corrobore ce fait dans le 12ème chapitre de la *Bhagavad Gita*, qui s'intitule *Bhakti Yoga* (Yoga de la dévotion). Arjuna lui demande : « Seigneur, certains dévots t'aiment et te vénèrent en tant que divine personne et d'autres te contemplent comme la puissance sans forme. Laquelle de ces deux voies est la meilleure ?» Dans sa réponse, Krishna sous-entend que les deux apportent autant de mérites l'une que l'autre et que leur pertinence dépend des qualités du chercheur spirituel. L'alimentation d'un bébé doit être légère et facile à digérer alors que celle d'un adulte sera plus riche en calories. De même, il y a différentes voies, convenant à des chercheurs différents.

Rares sont les personnes capables de ressentir pour Dieu un amour vraiment pur. La plupart prient pour que leur soient épargnés les chagrins ou que soient satisfaits leurs désirs et leurs besoins. Les dévots sont donc classés en quatre catégories dans la *Bhagavad Gita*.

1) Ceux qui souffrent (*artta*).

2) Ceux qui recherchent la richesse et la satisfaction de leurs désirs (*artharthi*).

3) Ceux qui sont en quête de Dieu (*jijnasu*).

4) Ceux qui ont trouvé Dieu et sont établis en Lui (*jnani*).

Les personnes en détresse ont recours à la dévotion pour trouver un soulagement à leur douleur et être débarrassés de leurs ennuis. Une fois leurs malheurs envolés, ils cessent leurs prières et tout acte de dévotion jusqu'au prochain souci. Ils considèrent que c'est à Dieu d'effectuer leur travail et de combler leurs désirs. En général, ils n'arrivent pas à comprendre que la source de leurs difficultés se trouve dans leur attachement aux objets impermanents du monde. Ils prennent Dieu pour un médicament antalgique. Cette forme de dévotion traite seulement les symptômes au moment où ils apparaissent, mais ne supprime pas la cause de la maladie.

Dans la deuxième catégorie entrent ceux qui, souvent avides et ambitieux, nourrissent de nombreux désirs matériels. Ils recherchent l'aide de Dieu pour satisfaire leurs envies. Il se peut qu'ils jouissent déjà d'une certaine aisance, mais ils ne s'en contentent pas. S'ils aiment Dieu, c'est surtout parce qu'Il a le pouvoir de satisfaire leurs précieux désirs. S'ils font des dons à des oeuvres caritatives, une église ou un temple, c'est dans l'attente d'une contrepartie intéressante, avec une attitude d'investisseur ou de souscripteur d'assurance.

Un *jijnasu* est une personne qui a perdu ses illusions sur le monde et ses plaisirs, qui a réalisé la futilité des ambitions matérielles et qui cherche à connaître la vérité la plus profonde de la vie. Elle prie Dieu de lui accorder la dévotion, le détachement, la sagesse et la connaissance véritables, qui seuls, lui permettront d'accéder au vrai bonheur.

On appelle *jnani*, celui qui est complètement identifié à Dieu. Il voit Dieu en toute chose et rien ne le distrait jamais de sa méditation sur la Vérité ultime. Bien qu'établi dans la plénitude et la perfection dans tous les domaines, un *jnani* reste un dévot uniquement pour profiter de la *lila* (le jeu divin). L'amour pour

Dieu est l'état naturel du *jnani*. Parmi tous les dévots, le *jnani* est le plus cher au Seigneur. Krishna en dit : « Le *jnani* est mon Soi. » Et dans la *Srimad Bhagavatam*, il admet : « Je suis l'esclave de mes dévots. Mon cœur est entre leurs mains, tellement je les aime. » Dieu fera tout pour protéger ceux qui Le vénèrent.

Il y a des différences significatives entre ces quatre groupes de dévots. Dans la *Bhagavad Gita,* Krishna déclare que tous les dévots sont nobles (*udarah*). Les représentants des deux premières catégories, les *arthas,*et les *atharthi,* eux aussi, essaient de trouver le bonheur véritable et éternel, bien que ce soit par la poursuite d'ambitions matérielles. Le moment venu, ces chercheurs dépassent progressivement leur attachement aux plaisirs du monde, ils finissent par comprendre que le bonheur auquel ils aspirent s'acquiert en accédant à la réalité éternelle, c'est-à-dire à Dieu, au Soi (*atman*). Leur dévotion se purifie petit à petit et ils évoluent lentement jusqu'à devenir des *jijnasus* (chercheurs de la Vérité ou de Dieu) et plus tard, des *jnanis*. Krishna déclare qu'il faut reconnaître la vertu de tous ses dévots car ils ont pris la bonne décision et atteindront bientôt la paix éternelle. Cette transformation peut prendre plusieurs vies ou avoir lieu dans celle-ci. Mais tôt ou tard, chacun atteindra le Suprême.

Les qualités du véritable dévot

Dans l'épopée du *Srimad Bhagavatam*, le Seigneur dit qu'Il suit Ses dévots pas à pas afin de porter la poussière de leurs pieds sur Son front. Si le Seigneur se fait le serviteur plein d'amour d'une personne, c'est qu'elle est un vrai dévot. Qu'est-ce donc qu'un vrai dévot ? Krishna définit les qualités qu'il possède dans la *Bhagavad Gita* (Chapitre 12, verset 13-16).

La première, c'est l'absence de haine pour les êtres de la création. Nous ressentons de la haine quand quelqu'un ou quelque chose entrave la satisfaction de nos désirs, de nos attentes ou fait obstacle à notre plaisir. Nous attendons beaucoup des autres, et s'ils nous frustrent, nous nous mettons à les prendre en grippe ou à les haïr. L'amour authentique est dépourvu de toute attente. Le véritable dévot n'attend rien de personne. Il porte le même regard sur tout et accepte tout ce qui arrive, agréable ou désagréable, comme la volonté de Dieu.

Une source de la haine, c'est le sentiment que « l'autre » est différent de « moi ». Les *jnanis* se voient eux-mêmes dans toute la création et voient toute la création en eux. Ils sont remplis d'amour pour tous les êtres. Cet amour universel est la deuxième qualité du vrai dévot.

Amma en donne le meilleur exemple possible : « Un flot ininterrompu d'amour s'écoule de moi vers tous les êtres du cosmos. » Elle n'éprouve ni haine ni ressentiment envers quiconque dans l'univers. « Ceux qui m'aiment et ceux qui me détestent sont pareils pour moi. » Son amour est identique pour tous. Il embrasse la Création tout entière.

Amma utilise un bel exemple pour nous faire comprendre ce qu'est l'amour universel : « Si nous nous mettons le doigt dans l'œil par inadvertance, il ne nous vient pas à l'idée de punir notre main ou notre œil, car ils font partie de notre corps. De la même manière, une Conscience unique imprègne tout l'univers et la Création entière est l'incarnation de Dieu. » Le réel dévot voit son Seigneur bien-aimé en tout être. La négativité ne trouve aucune place dans son cœur.

Il y a de nombreuses années, le cousin d'Amma avait tenté de l'assassiner. Victime, ensuite, d'une maladie mortelle, il fut hospitalisé. Amma lui rendit visite avant qu'il ne meure. Elle le caressa, le consola, le nourrit affectueusement de sa propre main. Devant la compassion et la mansuétude d'Amma, son cousin fut pris de remords et éclata en sanglots.

Une anecdote de la vie de Saint Namadev illustre bien

l'universalité de cet amour. C'était un fervent dévot du Seigneur et il avait atteint le plus haut sommet de la réalisation de Dieu. Un jour qu'il s'apprêtait à déjeuner avec des *chappattis* (galettes à base de farine de blé et d'eau) et du beurre, un chien errant arriva et se sauva, un *chappatti* dans la gueule. Namadev, le reste des *chappattis* dans la main, le pourchassa. Après une longue poursuite, il le rattrapa, lui enleva le *chappatti* de la gueule et se mit à étaler du beurre dessus en implorant l'animal avec amour et dévotion : « Ô Seigneur, ne mange pas ces *chappattis* tout secs, ils pourraient se coincer dans ta gorge. Je t'en prie, laisse moi les beurrer. » Namadev voyait dans ce chien une manifestation de Dieu. En lui donnant à manger, c'est Dieu qu'il nourrissait. Telle est la merveilleuse façon de voir du vrai dévot.

Dieu est Tout pour lui. Il considère que tout arrive par la volonté de Dieu et accepte tout, bon ou mauvais, agréable ou désagréable, comme Son *prasad*. Quelles que soient les circonstances, sa dévotion est constante. Même s'il se trouve dans une situation défavorable, il ne se plaint pas et n'éprouve aucune insatisfaction. Dieu réside dans son cœur et accourt pour le secourir en cas de besoin. Quand l'appel d'un dévot est sincère, Dieu répond immédiatement. La réponse de Dieu sera d'autant plus rapide que la prière du dévot est plus intense.

Fidèle dévot d'Amma, Nilambaran habitait dans un village proche de l'ashram. Il était ouvrier agricole et ne manquait pas de venir au *Bhava darshan* après sa journée de travail dans les champs. Il y a quelques années, il rencontra des difficultés financières et les évoqua involontairement tout en travaillant : « Je crois bien que ma famille va devoir se serrer la ceinture pendant quelques jours, vu que je n'ai plus d'argent. » Ses compagnons de travail, qui étaient plutôt critiques envers Amma, l'entendirent et se moquèrent de lui : « Pourquoi t'inquiètes-tu ? La jeune fille que tu prends pour Dévi et que tu vénères va sûrement te donner de l'argent ! » Ces paroles moqueuses l'attristèrent beaucoup et il pria ardemment Amma de le tirer de cette mauvaise passe. L'heure de la pause du déjeuner arriva et tous s'installèrent à l'ombre d'un arbre. Soudain, une jeune fille s'approcha de Nilambaran, un billet de vingt roupies à la main. Sans prononcer un seul mot, elle lui glissa l'argent dans la main et disparut immédiatement. Nilambaran était déconcerté car il n'avait jamais vu cette fille auparavant. Les autres croyaient qu'elle était venue lui rembourser une dette, mais Nilambaran n'avait prêté d'argent à personne. Ils lui demandèrent son nom et furent tout étonnés d'apprendre qu'il ne la connaissait pas.

Quand Nilambaran se présenta devant Amma, le lendemain soir, lors du *darshan* du *Devi Bhava*, elle lui murmura à l'oreille : « Fils, Dévi t'a-t-elle donné de l'argent hier ? Mon enfant, c'est Amma qui t'a rendu visite. » Nilambaran était complètement abasourdi et des larmes de dévotion ruisselaient sur ses joues.

Un véritable dévot abandonne tout à Dieu, le corps, l'intellect, le mental et s'en remet entièrement à Lui. Cet abandon est difficile à réaliser et quand des difficultés se présentent, il peut arriver qu'on y renonce. Beaucoup de gens prétendent avoir pris refuge en Dieu, pourtant ils ont tendance à oublier cela. Ils ne croient qu'en leurs propres forces et ils s'enorgueillissent de leur capacité personnelle à résoudre les problèmes. Quand l'ego entre en jeu, tout abandon s'évanouit. Il existe à ce propos, une histoire très révélatrice qui met en scène Shiva et Parvati.

Shiva est assis avec sa sainte épouse Parvati sur le Mont Kailas. Il se lève soudain et part sans dire un mot. Parvati est surprise de son attitude. Cependant, quelques secondes plus tard, il revient s'asseoir. Parvati lui demande alors : « Seigneur, qu'est-ce qui t'a fait partir avec une telle hâte et revenir aussi vite ? »

Il répond : « Une bande de chenapans était en train de harceler l'un de mes dévots et il m'a appelé à l'aide. »

« L' as-tu sauvé ? », s'enquiert Parvati.

En souriant, il dit : « Je n'ai pas eu besoin d'intervenir. En arrivant sur place, je l'ai trouvé prêt à la bagarre, une pierre à la main, en train de réclamer l'aide des gens du coin. Je suis donc reparti. Bien qu'il m'ait appelé, si mon dévot se sent capable de se protéger tout seul, à quoi bon venir à son secours ? »

La morale de cette histoire n'est pas qu'il ne faut pas se battre quand on nous attaque ou qu'on nous menace. Mais rappelons-nous toujours que c'est la puissance de Dieu, et non notre propre pouvoir ni celui de nos semblables, qui nous mène à la victoire.

Tout arrive par la volonté de Dieu

La vision d'un chercheur sur la voie de la dévotion est la suivante : « Tout est mon Bien-aimé. Je ne suis absolument rien. Tout arrive selon la volonté de Dieu. »

Le dévot se considère comme l'instrument ou le serviteur de Dieu. Le risque de devenir égocentrique est donc moindre dans cette voie que dans une autre. Il y a un contraste frappant entre cette démarche qui considère : « Tout est Dieu. » et celle de la connaissance qui affirme : « Je suis toute chose (le Soi). »

Il y a de nombreux avantages à choisir la dévotion. La vie d'un dévot véritable est totalement consacrée à Dieu, quelle que soit la situation. Le chagrin ne le touche pas. Il mène une vie insouciante sous l'aile protectrice de Dieu, grisé par le souvenir de son bien-aimé Seigneur. Cependant, de tels dévots sont aussi rares que les gagnants du gros lot. Ils sont nombreux à le vouloir, mais peu à gagner ! La pure dévotion ne s'atteint pas sans la Grâce suprême de Dieu. Cependant, pour nous, les choses sont simplifiées grâce à la présence d'Amma, incarnation de l'amour divin et de la Grâce.

Nous pouvons savourer le fruit de la dévotion dès le début de la pratique. Comme le dit Amma : « *Bhakti* (la dévotion) est comparable au jacquier qui porte des fruits à la base du tronc.

Ainsi, nous les cueillons facilement. Les autres arbres fruitiers (comparables aux autres voies spirituelles) nous obligent à grimper en hauteur pour récolter leurs fruits. Nous jouissons de la béatitude dès les premiers pas sur le chemin de la dévotion, alors que sur les autres voies, nous ne la goûtons qu'à l'arrivée. »

Chapitre 9

La voie de l'action

Comprendre et accepter avec détachement

Pourquoi prions-nous ? En général, par désir d'être heureux et satisfaits. Nous prions quand nous voulons, soit obtenir quelque chose, soit être libéré d'un problème. Imaginons quelqu'un qui passe tout son temps à penser à Dieu ou à son Gourou et qui malgré tout, soit assailli d'ennuis successifs. Combien de temps sa foi et sa dévotion vont-elles durer ? Qui peut continuer à aimer un dieu invisible qui ne rate jamais une occasion de lui créer des difficultés ? Dans ce cas, il y a même de quoi devenir athée. Il est encore plus difficile d'aimer ceux par qui le malheur arrive.

Mais regardons Amma. Dans son enfance, elle n'a guère reçu d'amour. Les membres de sa famille et les habitants du village la grondaient et la tournaient en dérision. Elle n'avait personne pour nourrir son âme de conseils spirituels opportuns, pas de Gourou. (Elle n'avait, bien sûr, pas vraiment besoin d'un Maître, puisqu'elle détenait dès la naissance la connaissance et la sagesse suprêmes.) En dépit de cette hostilité ambiante, elle ne s'est jamais plainte et n'a pas douté une seule fois. Elle ne rendait que de l'amour en échange des mauvais traitements reçus.

Amma est, depuis toujours, semblable à la rose à laquelle on ne donne que de la bouse de vache et du terreau et qui offre sa beauté et son parfum au monde. Je lui ai demandé, un jour : « Amma, n'as-tu jamais été déçue d'avoir une vie si pénible? »

Amma a répondu : « Pas du tout, parce que je connais la nature des gens et celle du monde et que je n'espère jamais rien de personne. Je continue à travailler et à assumer mes responsabilités

sans rien attendre en retour. Je ne peux donc pas être déçue. »
Elle a ajouté qu'elle trouvait sa joie dans l'action elle-même et non
dans son résultat. Ce message est important pour chacun de nous.

Peut-être pensons-nous que les qualités d'Amma, son courage
et sa compassion sont hors de notre portée. Cependant, si nous
nous efforçons d'assimiler son enseignement, nous arriverons, sans
aucun doute, à donner plus de valeur à notre vie.

Chacune des situations que nous rencontrons peut déboucher
sur plusieurs éventualités. Malheureusement, du fait de notre
vision limitée, nous n'envisageons que l'une d'elles et nous sommes
déçus si les choses ne se passent pas comme nous l'avons prévu.
Je ne veux pas dire qu'il faut se contenter d'accepter tout ce qui
arrive. Car nous ne pouvons pas être une marionnette entre les
mains du destin. Nous devons, certes, faire de notre mieux pour
obtenir ce que nous souhaitons, mais s'il s'avère que c'est impossible, apprendre aussi à accepter cette issue.

Nous sommes parfois tellement englués dans un problème
que nous ne pouvons pas en sortir, tout comme nous ne pouvons
pas nous fuir nous-mêmes. Et en même temps, nous n'avons pas
la force d'affronter la difficulté. Que faire ?

La solution consiste à comprendre clairement la situation dans
laquelle nous nous trouvons et à l'accepter. Voilà ce qu'en pense un
humoriste : « Je sais ce que j'ai à faire quand il fait froid : garder
ma chaleur, et si je n'y arrive pas, me geler ! »

La clé du succès, d'après les Ecritures hindoues, consiste à
s'engager dans l'action de tout son cœur, sans s'attacher à ses fruits,
sans trop se soucier de ses conséquences. Il peut paraître impossible
d'agir sans attendre de résultat. Alors, quitte à attendre, il faut
envisager toutes les conséquences possibles ou bien se préparer à
la désillusion.

Si je demande à un ami de me prêter les mille dollars dont
j'ai besoin, je dois savoir qu'il y a cinq éventualités.

1) Il me donne cette somme.

2) Il m'apprécie et se rappelle que je lui ai plusieurs fois rendu service. Il me donne donc une somme plus importante.

3) Il traverse lui aussi des difficultés financières et il ne peut me prêter que cinq cents dollars.

4) Sa situation financière est telle qu'il ne peut rien me donner.

5) Il est dans une situation pire que la mienne et au lieu de m'aider, il m'emprunte de l'argent.

En conclusion, soit j'obtiens exactement ce que je veux, soit je n'obtiens rien du tout, soit je reçois davantage, soit je reçois moins. Eventuellement, si ses besoins sont plus importants que les miens, c'est moi qui lui donne. Chacune de ces hypothèses peut se concrétiser, sans que j'aie le moindre contrôle sur le résultat de ma demande. Voilà donc ce que recommande la *Bhagavad Gita* : « Nous avons toute liberté d'agir, mais pas celle de décider du résultat de notre action, car celui-ci dépend de plusieurs facteurs. En conséquence, agissez sans vous attacher au résultat. »

Admettre cette vérité n'est pas faire preuve de pessimisme, mais simplement de réalisme. Peut-être connaissez-vous la loi de Murphy qui dit : « Tout ce qui peut aller de travers, ira de travers. » Par exemple, une voiture peut éventuellement tomber en panne, donc elle tombera en panne. Il est possible de transformer le pessimisme de cette affirmation en réalisme si l'on ajoute : « Et si la panne n'a pas lieu, c'est grâce à Dieu. » Seul un mental fort et réceptif peut assimiler ces lois.

Entraîner le mental

La véritable maturité consiste à développer la force intérieure et la compréhension nécessaires pour accepter les conséquences de nos actes, quelles qu'elles soient. C'est pourquoi Amma dit que la maturité mentale et émotionnelle est essentielle à celui qui veut mener une vie heureuse et paisible. Elle en donne un exemple :

Celui qui fait des exercices de musculation uniquement sur le haut du corps, va certes se muscler les bras et le torse, mais pas la partie inférieure. Son apparence sera vraiment comique, avec de gros pectoraux, biceps et triceps qui contrasteront avec des jambes et des cuisses maigrichonnes ! Un tel développement n'est pas harmonieux.

En général, nous sommes bien développés physiquement et solides. Beaucoup de gens font de l'exercice pour garder la forme. Malheureusement, très rares sont ceux qui entraînent leur mental pour lui donner plus de force et de maturité. Il faut s'exercer à soulever des poids lourds pour devenir un bon haltérophile. Inutile de soulever un crayon ou une feuille de papier, cela ne sert à rien. De même, si nous voulons nous épanouir totalement, il faut faire travailler le mental car celui-ci est à la base de toutes nos pensées, de nos paroles et de nos actions. On peut utiliser les situations difficiles et les défis pour exercer le mental.

Quand nous nous investissons trop dans une activité ou que nous sommes trop dépendants du résultat escompté, nos performances en sont affectées. Quand nous participons à une compétition et que le désir de gagner, tout naturel, prend trop d'importance, nous sommes déstabilisés. Si nous pensons davantage à gagner qu'à courir ou à sauter, notre énergie s'épuise sous la pression du désir de vaincre. Le mental ne fonctionne pas correctement s'il s'attache à un résultat.

Prenons l'exemple d'une compétition de tir. A l'entraînement, les participants sont très performants. Ils ne pensent pas à gagner, ils ne font que pratiquer leur sport. Mais, quand la compétition commence, ils pensent à remporter la victoire et cela les rend nerveux, au point qu'ils voient deux cibles et ratent l'objectif ! Ce n'est pas l'habileté du tireur qui est en cause, c'est l'idée de gagner le prix. Celle-ci a détourné son attention et a diminué sa concentration. A ce propos, je voudrais vous relater une expérience.

Après mon diplôme universitaire, j'ai postulé pour un emploi et j'ai reçu une convocation. C'était mon premier entretien d'embauche et j'étais sous pression, car je voulais absolument obtenir ce poste. Je ne pensais qu'à cela et je me tracassais en me demandant ce que je ferais en cas d'échec. Je me suis présenté comme prévu. Les recruteurs ne m'ont posé que des questions simples, mais j'étais tellement stressé que j'ai cafouillé. Mes réponses étaient tout sauf impressionnantes. A la fin de la réunion, le responsable m'a dit : « Je vous remercie. Je vous ferai savoir notre réponse. » Cela remonte à de nombreuses années et j'attends toujours leur réponse !

Voilà le prix à payer pour nos obsessions ou notre inquiétude. Amma dit toujours que lorsque nous sommes plongés dans une activité, nous devons concentrer toute notre attention sur nos gestes, sans accorder une seule pensée au résultat. Avant d'agir, voyons clairement notre objectif. Mais, dans l'action, ne nous laissons plus distraire.

Très jeune, Amma a atteint une maturité psychologique extraordinaire grâce aux leçons qu'elle a apprises de chaque difficulté, de chaque passage du livre de la vie et qu'elle a assimilées sans la moindre haine ni la moindre rancune. Sa vigilance, sa conscience et son discernement lui ont permis d'intégrer toutes sortes d'expériences et elle était toujours prête à en connaître de nouvelles. Elle s'est nourrie de l'adversité et son esprit a grandi en splendeur et en force. Elle n'a jamais manqué une occasion d'apprendre de l'existence un nouvel enseignement. C'est pourquoi, aujourd'hui, elle brille et, comme l'étoile polaire, guide d'innombrables âmes perdues.

Non seulement, Amma possède cette capacité, mais elle aide autrui à l'acquérir. Lors d'un programme à l'ashram de San Ramon en Californie, un incendie s'est déclaré accidentellement dans la cuisine et plusieurs dévots ont été brûlés. Amma, ainsi que les swamis et de nombreux dévots, sont allés leur rendre visite à l'hôpital pour les soutenir moralement et prier pour eux. Amma leur téléphona aussi, plusieurs fois. Malgré la douleur physique, grâce à l'amour et à l'attention qu'Amma leur manifesta, ils ne souffrirent d'aucune idée négative. En fait, quand Amma revint à San Ramon l'année suivante, ils étaient tous de nouveau en service à la cuisine et montraient plus d'enthousiasme et de dévouement que jamais.

Lors d'une conversation, ils me confièrent que leur foi en Amma avait grandi depuis l'incendie car ils avaient senti sa présence, sa Grâce, sa force et son soutien tout au long de l'épreuve. Ils savaient également que s'ils avaient subi le même accident ailleurs ou à un autre moment, ils n'auraient pas guéri aussi rapidement du choc, de la douleur et de la souffrance. Beaucoup d'entre eux ont affirmé que, chaque fois qu'ils recevaient un coup de téléphone d'Amma ou son *prasad* par l'intermédiaire d'un dévot, ils retrouvaient un surcroît d'énergie. Ils savaient que ces brûlures étaient dues à leur *prarabdha karma* et que cet accident se serait produit où qu'ils se fussent trouvés. Mais puisque cela s'était produit auprès d'Amma, elle a consolé chacun personnellement, ce qui a grandement allégé leur souffrance.

Voici le témoignage de l'un d'eux : « L'incendie nous a blessés dans notre corps, mais il n'a atteint ni notre foi, ni notre esprit. En fait, il a renforcé notre foi. » Ils ne se sont pas apitoyés sur leur sort, ils n'ont pas considéré l'accident de manière négative, ils l'ont pris comme une occasion de grandir et de déposer leur vie aux pieds d'Amma. Cet incendie aurait pu être une pierre d'achoppement, ils en ont fait un tremplin pour leur croissance spirituelle.

Une situation sans issue

En tant que chercheurs spirituels, nous désirons tous évoluer. Nous voulons progresser dans notre pratique de la méditation, ou dans la récitation des mantras et nous savons à quel point il est important de garder le mental tranquille et serein pendant celles-ci. Beaucoup, au début de leur pratique, se désolent de ne pouvoir faire taire le mental. Il est essentiel de comprendre quels sont les facteurs qui influencent l'état du mental pendant la méditation.

La majorité d'entre nous consacre quotidiennement un certain temps à la pratique spirituelle et le reste de la journée s'investit dans des activités aussi nombreuses que variées, l'entretien de la maison, le travail, les études, la télévision, le cinéma, etc. En général, ces activités matérialistes n'incitent pas à la méditation. Au contraire, elles distraient le mental et compromettent les résultats acquis par la méditation.

Cela ressemble à un mélange de sel et de sucre. Le sucre représente la douceur que nous donne la méditation ou une autre pratique, et le sel, le goût des activités extérieures. La mixture de sel et de sucre est immangeable. Si notre vie quotidienne retentit sur la méditation, nous ne pouvons pas en goûter le fruit.

Amma nous donne l'exemple du tapis roulant qui va dans le sens opposé à notre direction. Quelle que soit l'allure à laquelle nous marchons, nous n'avancerons que très peu. Nous sommes piégés dans une situation sans issue. La plupart de nos activités habituelles nous privent du bénéfice de la méditation. Mais si nous les abandonnons, nous perdons notre gagne-pain et sans moyen de subsistance, comment méditer sereinement ? Où est la solution ?

Toute action influence la méditation, directement ou indirectement, positivement ou négativement. La solution consiste à convertir chacune d'elles en prière ou en offrande au divin, à s'efforcer de penser à Dieu quoi que l'on fasse. Garder cette vigilance dans l'action nous aidera à méditer.

Faire du travail une prière

En lisant le récit de la jeunesse d'Amma, on s'aperçoit qu'elle a transformé chaque tâche ménagère en geste religieux. Elle avait beaucoup de choses à faire que l'on ne considère pas habituellement liées à la spiritualité : la cuisine, le ménage, la lessive, le ravitaillement en eau depuis le robinet public et l'entretien des vaches. Par son attitude, Amma a réussi à transformer cette routine domestique en actes dévotionnels. Quand elle préparait le repas de sa famille, elle cuisinait pour Krishna. Quand elle balayait, elle s'imaginait nettoyer la maison pour y accueillir Krishna. Quand elle lavait le linge de sa famille, c'étaient les vêtements de Krishna qu'elle frottait. Sa dévotion pour Krishna était telle qu'elle pouvait mettre tout son cœur et toute son âme dans son travail, sans jamais s'ennuyer ni en avoir assez. Elle réclamait dans ses prières toujours plus de travail, pour servir Krishna tout son content. Rien ne pouvait entamer sa joie de servir son Bien-aimé du mieux possible, ni les insultes des gens, ni les reproches de sa famille.

Cette dévotion, cet amour pour Dieu (ou pour le Gourou), peut nous permettre de connaître nous aussi la joie intérieure ; nous améliorerons notre travail et notre méditation et nous vivrons une vie pleine d'amour et de bonheur. Entraînons-nous à considérer chaque objet comme appartenant au Seigneur ou à Amma, à adopter l'attitude qui consiste à servir Dieu dans chaque tâche. Une synergie deviendra alors possible entre activité professionnelle et méditation.

Une attitude dévotionnelle dans le travail permet de surmonter bien des défauts. Quand j'étais employé de banque, je me mettais facilement en colère contre les clients, surtout ceux qui me semblaient rustres et sans éducation. Je m'énervais dès que l'un d'eux commettait une erreur en remplissant le formulaire de retrait ou de dépôt d'argent. J'ai gardé cette mauvaise habitude pendant plusieurs années, même après avoir rencontré Amma.

Ayant entendu les directives affectueuses d'Amma, j'ai senti qu'il me fallait changer de comportement. J'ai essayé plusieurs fois, mais sans succès.

Je suis donc allé voir Amma un jour, pour lui parler de mon mauvais caractère et lui demander comment me maîtriser. Elle me donna une technique très simple. D'abord elle demanda quelles étaient les personnes que j'aimais et que je respectais. Je me souvenais de l'un de mes professeurs, un homme remarquable, ainsi que de mon précédent directeur de banque, que non seulement j'aimais et respectais, mais à qui, également je rendais fréquemment visite. Je citais donc ces deux exemples à Amma. Elle me demanda alors : « Imagine que l'une de ces deux personnes envoie quelqu'un à la banque pour effectuer une opération à sa place, que ferais-tu ? » Je répliquais que je l'accueillerais chaleureusement et ferais tout le nécessaire pour l'aider. Amma continua : « Et si Amma t'envoyait quelqu'un ? » Je répondis que si j'apprenais que quelqu'un venait de la part d'Amma, je le servirais avec amour et que j'irais même jusqu'à lui offrir du thé et des biscuits ! Amma dit : « Eh bien voilà. A partir de demain, quand tu seras à la banque à t'occuper des clients, imagine que c'est Amma qui t'envoie chacun d'eux. Si tu m'aimes vraiment, tu les traiteras affectueusement, tu ne te mettras pas en colère même s'ils se trompent. Essaie cette méthode dès demain. »

J'étais très content d'entendre une solution aussi simple, mais je ne savais guère à quel point sa mise en pratique serait difficile. J'ai essayé de suivre son conseil, mais j'échouais souvent et je présentais mes excuses à la personne contre qui je m'étais mis en colère dès que je prenais conscience de mon erreur. Tous les matins, avant de me rendre sur mon lieu de travail, je priais Amma de me donner force et patience. Au bout de quelques mois, je maîtrisais mon caractère emporté relativement bien. J'étais heureux d'arriver à suivre l'enseignement d'Amma. En moins de deux ans, je traitais les clients gentiment, je leur souriais et cela m'était devenu facile.

Auparavant, j'avais l'impression de perdre mon temps à la banque, alors que les autres *brahmacharis* suivaient leurs pratiques spirituelles à l'ashram. Cette frustration était l'une des causes du mauvais caractère que je manifestais avec les clients. Après avoir reçu une méthode si efficace pour apprendre à me comporter affectueusement envers chacun, j'ai compris que ma pratique spirituelle s'effectuait à la banque. Chaque fois qu'un client repartait avec le sourire grâce à ma gentillesse, je me sentais heureux car je savais que je suivais les instructions d'Amma et que je développais une attitude dévotionnelle au travail.

Compréhension correcte et attitude juste

Un fermier possédait une grande exploitation. Il alla chez le quincaillier pour acheter une scie car il avait décidé de couper des arbres dans le verger. Le marchand lui montra le modèle le plus récent et lui en vanta les performances : il pouvait scier cinquante troncs à l'heure. Evidemment, elle coûtait cher, mais le fermier l'acheta. Une semaine plus tard, il retourna au magasin pour se plaindre car la scie était défectueuse. « Vous m'aviez dit que je pourrais couper cinquante arbres à l'heure, mais je n'arrive même pas à en couper dix ! » Le commerçant lui prit la scie des mains et la brancha pour l'essayer. Dès qu'il la mit en route, on entendit un puissant vrombissement. Le fermier s'étonna : « Mais que se passe-t-il ? Quel est ce bruit ? Quand je m'en suis servi, elle ne faisait pas ce vacarme. »

Notre homme avait utilisé une scie électrique comme une scie à main, sans la brancher sur le courant électrique, faute d'avoir compris comment elle fonctionnait !

Il est nécessaire de comprendre clairement pourquoi nous pratiquons la méditation et comment nos activités l'influencent.

Avec une compréhension correcte et un état d'esprit juste, la plupart de nos activités profitent à notre pratique spirituelle. Une attitude intérieure appropriée permet de transformer chaque geste en acte de dévotion, nous dit Amma.

Quand nous nous engageons dans la vie de famille, nous avons beaucoup de responsabilités. Nous en acquitter avec amour et sincérité, sans rien attendre en retour, c'est une démarche spirituelle, c'est le service de Dieu. Si nous remplissons nos tâches de la manière qui plaît à Amma (ou à Dieu), nous trouverons dans l'action une aide à la pratique spirituelle. Notre sincérité dans l'accomplissement de notre devoir n'est pas toujours bien reçue dans notre famille. Peut-être n'apprécient-ils pas nos efforts, peut-être ne nous comprennent-ils pas et nous traitent-ils rudement. Cependant, si nous sommes de bonne foi et accomplissons notre devoir de tout notre cœur comme une offrande au divin ou au Maître spirituel, cela nous aidera grandement à progresser.

Toute action engendre deux types de résultats, l'un visible et l'autre non. Quand nous rendons service à quelqu'un, par exemple quand nous donnons de la nourriture à un mendiant affamé, son bonheur se lit sur son visage dès que sa faim est apaisée. L'effet invisible de notre geste positif est le mérite acquis ou bon *karma* porté à notre crédit. Ce mérite portera ses fruits en temps voulu.

De même, dans le cas d'un meurtrier qui assassine quelqu'un, les conséquences de sa mauvaise action sont doubles. L'effet visible est la mort de la victime et l'invisible est le péché ou le *karma* négatif qu'il s'attire. Celui-ci le poursuivra et retombera sur lui, même s'il échappe à la justice humaine.

Que nos paroles positives soient appréciées par autrui ou non, nous en retirerons toujours un bénéfice un jour. Il est donc intéressant d'accomplir continuellement son devoir et de remplir ses responsabilités avec sincérité.

Parmi les tâches qui nous incombent, certaines nous plaisent et d'autres nous déplaisent. Certains parents n'aiment pas aider les enfants à faire les devoirs, d'autres détestent sortir la poubelle. Nous aimons jouer avec les enfants quand ils sont gais, mais ne voulons pas les voir lorsqu'ils pleurnichent.

Prenons l'exemple d'un couple dont le fils pleure très souvent. A chaque fois, la mère se précipite vers son enfant alors que le père ignore son chagrin. La mère finit par s'emporter contre son mari : « Pourquoi ne vas-tu jamais le consoler ? C'est aussi à moitié ton fils, après tout. » Le père de répliquer : « Oui, mais ma moitié, c'est celle qui ne pleure pas ! »

Quand nous sommes en proie au désir et à l'aversion, nous nous agitons mentalement et sommes dérangés dans notre méditation. Il est donc important de s'en défaire autant que possible. Nous les diminuons quand nous nous acquittons de nos obligations avec l'attitude intérieure et la compréhension appropriées.

Voici l'histoire d'un jeune homme qui vient juste d'entrer à l'ashram d'Amma et qui veut devenir *brahmachari*. Malheureusement, la récitation du mantra ne l'intéresse pas du tout. Il trouve ennuyeux de répéter toujours le même mantra. Or Amma nous enjoint régulièrement de consacrer le plus de temps possible à cet exercice spirituel. Comme elle connaît son aversion, elle le charge de répondre au téléphone dans le bureau d'accueil et d'information. Il faut répondre à chaque appel puisque nous n'avons pas de répondeur.

La coutume à l'ashram, en décrochant le combiné, est de dire : « *Om namah Shivaya,* » au lieu de « allo. » En rac-crochant, de même, pour dire « au revoir », nous répétons « *Om namah Shivaya.* » Nous connaissons tous la puissance de ce mantra. Il signifie : « Je m'incline devant Celui qui est éternellement favorable. » Notre aspirant spirituel doit donc prononcer « *Om namah Shivaya,* » au moins une centaine de fois par jour, chaque fois qu'il décroche ou raccroche le téléphone. En plus, en ce moment, les lignes téléphoniques ne sont pas adaptées à nos besoins, donc la connexion est mauvaise et le *brahmachari* doit hurler parfois des « *Om namah Shivaya* » supplémentaires. Ce qui fait qu'il répète « *Om namah Shivaya* » toute la journée, sans se rendre compte qu'il récite un mantra. Il finit par venir à bout de son aversion pour cet exercice spirituel et par demander à Amma de l'initier à ce mantra : « *Om namah Shivaya* ».

Quel que soit notre métier, que nous soyons homme d'affaires, ouvrier, mère au foyer, politicien ou médecin, si nous offrons notre travail au divin nous nous libérerons dans une grande mesure de l'esclavage dans lequel nous maintiennent l'attirance et à la répulsion. Nous méditerons plus facilement car moins nous en sommes dépendants, plus le mental est calme et paisible.

Quand nous avons vaincu l'emprise du plaisir/déplaisir, il devient plus facile de voir Dieu en toute chose. Nous arrêtons de juger les gens en fonction de notre attirance ou de notre aversion. Quand nous aimons quelqu'un, c'est généralement parce que nous lui sommes attachés ou victimes d'une illusion à son sujet. Et quand nous n'aimons pas, c'est en raison de notre jalousie, de notre égoïsme ou tout autre de nos défauts qui nous empêche de voir le divin en autrui.

A l'âge de sept ans, Amma avait déjà acquis suffisamment de maturité pour comprendre correctement les situations et agir de manière juste. Il y avait, dans son village, beaucoup de gens âgés abandonnés par leur famille. Certains étaient malades, d'autres souffraient de terribles affections contagieuses de la peau et même leurs proches les évitaient. Mais Amma allait les voir. Elle leur parlait avec affection, les lavait, leur donnait à manger et faisait leur lessive. A ses parents qui lui reprochaient de perdre son temps à s'occuper d'eux, elle répondait : « Je considère que ce n'est pas une perte de temps, parce que pour moi, ils ne sont pas différents de Dieu. Je sers Dieu en les servant. »

Amma dit souvent : « Le soleil n'a pas besoin de la lueur d'une bougie. Dieu, non plus, n'a pas besoin de nous. Dieu ne trône pas dans le ciel au-dessus des nuages, il réside dans le cœur de chaque créature. Quand on sert les autres, en particulier les pauvres et les personnes en détresse, c'est Dieu que l'on sert. »

Reconnaître le divin en toute chose

Un jeune garçon hardi du voisinage fut un jour pris, une fois de plus, la main dans le sac, en train de voler des bijoux et de l'argent dans le bureau de l'ashram. A cette époque, la situation financière de l'ashram était un défi quotidien. Le garçon avait été averti plusieurs fois par les résidents et cette récidive en mit plus d'un en colère. Nous lui avons attaché les mains dans le dos et nous l'avons amené à Amma pour qu'elle lui donne une bonne leçon. Dès qu'elle le vit, son visage s'éclaira d'un sourire et on aurait dit qu'elle était dans un autre monde.

Nous avons attendu un bon quart d'heure sans obtenir de réponse d'Amma. Nous avons donc laissé repartir le garçon avec un sévère avertissement. Plus tard, Amma nous a expliqué que la vue du gamin debout devant elle, les mains liées, lui avait rappelé l'enfant Krishna qui volait le beurre et le lait des laitières. Les voisins allaient se plaindre à Yasoda, sa mère adoptive, qui entendait tous les jours le récit de ses nouvelles farces. A force, elle en a eu assez, elle a attaché les mains de Krishna derrière son dos et l'a sermonné, très en colère.

Bien des lecteurs occidentaux aimeraient sans doute savoir ce qui poussait Krishna à voler du beurre. A Brindavan, où vivait Krishna dans son enfance, il y avait des *gopis*, de pauvres vachères qui gagnaient leur vie en vendant du lait et du beurre. Krishna a vu que toutes leurs pensées tournaient autour de ces produits laitiers. Alors, bien qu'il ait eu chez lui autant de beurre qu'il voulait, il allait chez elles leur dérober du lait, du yaourt et du beurre. Les *gopis* l'aimaient tellement, que chacune désirait être sa victime du jour. Avec sa mère, elles adoraient aussi parler des blagues de Krishna. Ainsi, Krishna est vite devenu le sujet central de leurs pensées et de leurs conversations ; elles pouvaient donc méditer sans effort toute la journée sur Krishna. En volant leur beurre, c'est en fait leur cœur qu'Il dérobait.

En voyant le petit voleur de l'ashram, c'est l'enfant Krishna qu'Amma a vu devant elle. Comment pouvait-elle le gronder ? Amma a la faculté de voir Dieu en chacun, même s'il s'agit d'un voleur. Sa réaction a transformé l'enfant. Il n'a plus jamais volé. En voyant le divin en lui, Amma a dû réveiller ses qualités cachées.

Cela ne veut pas dire qu'il faut laisser les criminels agir à leur guise, sous prétexte que Dieu est en eux. Si nous sommes témoins ou victimes d'un vol, ou d'un autre crime, nous devons évidemment nous protéger et appeler la police. Il faut agir avec discernement. Quand bien même nous serions capables de reconnaître le divin dans un délinquant, nous ne serions peut-être pas capables d'éveiller ses qualités !

Quelques jours après cet incident, j'ai fait une bêtise et je savais qu'Amma allait me gronder. Comme j'avais assisté à la scène où Amma avait vu Krishna dans le voleur, j'ai demandé à un *brahmachari* de m'attacher les mains dans le dos et de me conduire à Amma. Je croyais qu'elle verrait aussi Krishna en moi, mais bien au contraire, elle m'a mis à la porte. En effet, elle attendait davantage de discernement et de maturité de la part d'un *brahmachari*.

Dans sa jeunesse, il suffisait à Amma de percevoir un élément quelconque de la nature pour entrer en *samadhi*. Voir un poisson sauter dans l'eau de la lagune, regarder les ondulations à la surface de l'eau, sentir la caresse de la brise, tout cela la plongeait dans une méditation profonde.

Je me souviens d'un épisode qui s'est déroulé à l'ashram californien de San Ramon. C'est une nuit de pleine lune, Amma termine le *darshan* vers deux heures du matin. Nous quittons le temple et rentrons en voiture à l'endroit où elle doit passer la nuit. Amma admire la lune : « Comme elle est belle ! » Nous arrivons à la maison et Amma va dans sa chambre. Tout le monde se couche tranquillement. Amma attend que nous soyons tous endormis pour se glisser dehors et monter sur une colline toute proche. Nous apprenons plus tard par la *brahmacharini* qui l'a accompagnée qu'Amma a passé quatre heures à danser en extase dans la lumière de la pleine lune.

Le spectacle de la pleine lune suffit à la transporter de ravissement. La plupart d'entre nous ne sommes pas comme elle. Nous avons tous vu bien des pleines lunes mais elles ne nous font pas cet effet-là. La pleine lune m'évoque des *chappattis* ou des *pappadams* ! Pourquoi nos réactions sont-elles si différentes de celles d'Amma ? Que nous faut-il faire pour lui ressembler davantage ?

Ce n'est qu'une question d'entraînement du mental.

C'est l'histoire d'un groupe de novices qui suivent leur formation dans un monastère. Ils font une pause régulièrement après chaque cours, pendant laquelle ils peuvent se détendre, profiter de la nature et consacrer du temps à la prière. On appelle cette récréation « la pause prière. » L'un des novices n'a pas encore renoncé à l'habitude de fumer et il demande au prêtre la permission de fumer pendant la pause. Celui-ci lui répond que c'est un péché de fumer à l'heure de la prière.

Le lendemain, pendant la pause, ce novice en rencontre un autre, qui, assis sur un rocher au milieu d'un parterre de roses, fume allègrement une cigarette. Lui, qui a subi la rebuffade du prêtre, est choqué de trouver son frère en train de fumer. Il lui demande : « Comment as-tu fait pour obtenir la permission de fumer ? Quand j'ai demandé l'autorisation, il s'est mis en colère contre moi.

– Que lui as-tu dit exactement ?

– Je lui ai demandé si je pouvais fumer pendant la pause-prière.

– Voilà où est ton erreur. Moi, j'ai demandé si je pouvais prier tout en fumant et le prêtre m'a répondu : « Bien sûr ! En fait, tu dois prier toute la journée. »

Il a suffi au jeune moine de jouer sur les mots pour obtenir le droit de faire ce qu'il voulait. Fumer tout en priant est considéré comme un péché, alors que prier tout en fumant ne l'est pas.

De même, un léger changement dans notre attitude améliorera grandement la qualité de notre pratique spirituelle. Penser aux choses de la vie pendant la méditation la perturbe, tandis que penser à Dieu en accomplissant les tâches quotidiennes la facilite.

Essayons donc de nous souvenir d'Amma où que nous soyons et quoi que nous fassions, pour que notre vie entière devienne méditation. C'est le moment, l'heure est venue. Il n'est jamais trop tard pour commencer un voyage spirituel et pour faire des progrès. Cela me rappelle un poème célèbre :

> *Quand il faisait plein jour,*
> *Et que le marché était ouvert,*
> *Je n'ai rien acheté.*
> *Hélas, maintenant que la nuit est tombée,*
> *Et que les boutiques sont fermées*
> *Je me souviens de ce dont j'ai besoin.*

Alors, éveillons-nous. Faisons bon usage de la Grâce d'Amma, de son amour et de sa compassion. Ses bras sont grand ouverts, prêts à nous embrasser.

Chapitre 10

La voie de la connaissance

La nature du mental

L e chercheur qui suit la voie de la connaissance médite sur *Brahman*[7] et sur les aphorismes suivants : « Je suis Brahman, je suis l'*Atman* éternel et immortel. Le Soi en moi est le même que celui qui réside en chaque être. » Selon le Seigneur Krishna, suivre cette voie requiert un sérieux contrôle des sens et un important calme mental. En outre, le chercheur est confronté à de grands obstacles sur ce chemin. A moins d'avoir déjà atteint une considérable pureté mentale dans cette vie ou dans une vie antérieure et de s'abandonner à un Maître vivant, il risque fort de développer son égoïsme en s'imprégnant constamment du concept « je suis Brahman, le Soi suprême ». Si ceux qui ont la conviction fortement ancrée « d'être le corps », méditent sur la non-dualité, ils vont se leurrer sur leur compte et se dire : « Pourquoi obéir à quelqu'un ou le respecter puisque je suis Brahman ? » Ils oublient que les autres aussi, sont Brahman. Ils restent prisonniers de la lettre et l'esprit de cette grande maxime leur échappe. Ainsi, de nombreuses embûches guettent celui qui cherche Dieu dans son aspect sans-forme et il lui faut être extrêmement prudent.

On trouve dans la *Bhagavad Gita* (chapitre 6, verset 34), une discussion entre Arjuna et Krishna sur la nature du mental. Arjuna dit :

---

[7] Brahman est la Vérité impersonnelle, sans forme et sans attribut. Il est considéré comme la réalité absolue.

cañcalaṁ hi manaḥ Kṛṣṇa
pramāthi balavad dṛḍham
tasyā 'haṁ nigrahaṁ manye
vāyor iva suduṣkaram

*Ô Krishna, tu parles beaucoup de l'équanimité de l'esprit
et de la discipline du mental, mais moi, je trouve que mon
mental est complètement agité, rebelle et incontrôlable.
Contrôler le mental est aussi impossible que dompter le vent.
Que puis-je faire ?*

Krishna répond :

asaṁśayaṁ mahābāho
mano durnigrahaṁ calam
abhyāsena tu kaunteya
vairāgyeṇa ca gṛhyate

*Oui, ce que tu dis est vrai. Le mental est agité, rebelle
et incontrôlable. Aussi difficile à dominer que le vent, il
peut néanmoins être maîtrisé grâce à la pratique et au
détachement.*

On compare souvent le mental à un singe, et parfois à un singe
ivre, tellement il est capricieux et agité. Les bébés singes sont
particulièrement coquins. Imaginez que le plus espiègle des
singes se fasse piquer par un scorpion. Vous pouvez sans peine
concevoir l'état d'agitation qui va s'emparer de lui ! Et bien, notre
mental est encore pire et l'on s'en aperçoit pendant la méditation,
la meilleure occasion pour l'observer. Le reste de la journée, on
ne se rend pas compte de l'activité mentale. A titre d'expérience,
restez assis pendant dix minutes, seul, prenez du papier et un
crayon et notez toutes les pensées qui surgissent. Vous allez être

surpris du résultat. Les idées passent souvent du coq à l'âne, sans lien, ni logique.

Nous sommes si sereins dans le sommeil, quand le mental est au repos. Nous pouvons connaître le même calme à l'état de veille si nous apprenons à contrôler le mental et à ne penser que ce à quoi nous décidons de penser. Le mental possède la capacité de se concentrer suivant nos directives mais il faut l'exercer. C'est très difficile, mais néanmoins possible au moyen d'une pratique constante.

Pratique et détachement

L'agitation mentale provient essentiellement de la division que l'on établit entre le « j'aime » et le «je n'aime pas » et de l'habitude d'avoir des préférences. Celles-ci s'expriment sous forme d'attachement ou d'aversion envers les objets, les personnes et les situations. L'aversion n'est autre que la forme négative de l'attachement. Actuellement, notre mental est semblable à une plume ballottée en tous sens par le vent. Pour l'immobiliser, il faut le libérer du mouvement d'attraction et de répulsion de nos préférences personnelles.

En l'absence de vacarme intérieur, nous pouvons jouir d'une grande paix, même dans une ambiance pleine de turbulences. Ce sont essentiellement les sentiments négatifs qui perturbent le mental. Prenons d'abord conscience du fardeau qu'ils font peser sur nos épaules, ensuite seulement, nous pourrons nous en débarrasser. Vient un moment où il faut dépasser nos défauts et comme ils représentent la plus grande des entraves à la paix intérieure, mieux vaut les vaincre le plus tôt possible.

Pour nous libérer de ces obstacles intérieurs, il faut discipliner le mental. Au début de la pratique, contraindre et contrôler le mental représente un vrai défi car en général, nous préférons lui lâcher la bride. Cependant, avec le temps, nous finirons par apprécier cet exercice de discipline.

Je me souviens d'une histoire célèbre. En Inde, la coutume veut que les maîtres de maison invitent les *sannyasins* chez eux pour leur donner à manger. Ils considèrent ce geste comme une source de mérite. Traditionnellement, dans un repas indien complet, les six saveurs, le sucré, le salé, l'acide, le piquant, l'amer et l'âcre sont représentées. Dans certaines maisons, on ajoute aussi du concombre amer aux autres plats. Les sannyasins sont censés accepter avec équanimité aussi bien les aliments sucrés que ceux qui sont amers.

Un sannyasin est, un jour, invité dans une maison où a été préparé un somptueux repas traditionnel, qui comporte aussi du concombre amer. S'il y a un légume que ce moine déteste, c'est bien celui-ci. Il ne le supporte pas, mais maintenant qu'il a accepté l'invitation et qu'il est installé dans la maison, il lui faut respecter la coutume. Il ne peut pas dire : « Je n'aime pas le concombre, » car il est supposé apprécier pareillement tout type de nourriture. Il se dit alors : « Il y a plein d'autres plats délicieux, je vais manger d'abord le concombre, ensuite, je pourrai me détendre et savourer le reste du repas. Je ne veux pas manger le concombre avec les autres mets, il en gâcherait la saveur. » Il commence donc par avaler le concombre.

La maîtresse de maison le regarde manger et dès qu'il finit son concombre, elle lui en ressert une pleine cuillérée. « Oh non, se dit-il, ce n'est pas mon jour de chance aujourd'hui ! » Il a beaucoup de mal à venir à bout de cette deuxième portion et il se maudit d'avoir mis les pieds dans cette maison. S'il avait su qu'ils prévoyaient des concombres, il aurait prétendu que c'était son jour de jeûne hebdomadaire, mais c'est trop tard. Son calvaire ne s'arrête pas là. En effet son hôtesse croit comprendre qu'il adore le concombre et elle le ressert. Vous pouvez imaginer l'état du malheureux ! En maudissant le destin, il réussit à terminer son repas et jure de ne plus jamais revenir dans cette maison.

La maîtresse de maison téléphone immédiatement aux gens qui doivent lui faire l'aumône du repas du soir (*bhiksha*) pour les prévenir qu'il raffole du concombre et leur suggérer de lui cuisiner un curry avec ce légume. L'information se répand et chaque fois qu'il est invité, on lui sert du concombre. Il finit par s'habituer à ce goût si détesté, tant et si bien qu'il en vient même à l'apprécier.

De même, si nous pratiquons avec persévérance l'amère discipline du mental, nous finirons par l'aimer.

La force spirituelle

La façon dont nous nous situons face au monde, à autrui et aux expériences de la vie, est déterminée par les niveaux physique, émotionnel (mental) et intellectuel de notre être. On peut également ajouter l'aspect spirituel, qui reste latent chez la plupart d'entre nous parce que nous nous concentrons pratiquement toujours sur les trois autres parties de notre être.

Quand nous nous fixons uniquement sur ces trois plans, nous devenons la proie des émotions et des désirs qui nous balladent sur des montagnes russes. Nous aspirons à tant de choses en ce monde ! Nos besoins sont innombrables. Certains d'entre eux sont au-delà de nos moyens et ils ne seront jamais satisfaits, d'où frustration, déception, découragement. Ces sentiments peuvent aller jusqu'à nous faire perdre toute énergie psychique. Une personne au mental fragile n'est pas capable d'affronter les défis, même minimes, de la vie. Le moindre incident suffit à la contrarier, « même la vue d'une petite fourmi », nous dit Amma.

Un de mes amis acheta un jour une maison neuve. Quelques jours après le déménagement, il aperçut des fourmis dans la cuisine. Cela le contraria un peu, vu que la maison était toute neuve. Il se demandait d'où elles venaient. Peu de temps après, la situation empira, des centaines de fourmis grouillaient dans sa cuisine. A présent, il était nettement plus embêté et il se grattait la tête pour trouver une solution à ce problème. Il se précipita dans la boutique la plus proche pour acheter un insecticide. Il n'en restait qu'une seule bombe et par malchance, elle était un peu endommagée. Il demanda donc une réduction, mais le vendeur refusa. Mon ami s'énerva, devint exigeant et le dialogue finit en dispute.

Il était déjà contrarié d'avoir des fourmis dans sa cuisine, mais cette scène avec le commerçant acheva de le déstabiliser. La dispute s'amplifia, dégénéra et ils furent sur le point d'en venir aux mains. Ils finirent par régler le conflit au tribunal. Tout cela pour quelques fourmis !

Amma dit qu'il y a encore quelques siècles, les humains étaient très forts moralement et qu'ils ne souffraient pas de troubles mentaux. Mais au fil des ans, ils ont cessé d'adhérer à leur dharma, et ont perdu le sens des valeurs. En conséquence, ils sont devenus plus avides et plus égoïstes. Par manque de discipline et de discernement, leur mental s'est affaibli et ils ne savent plus réagir aux différentes situations de l'existence. Ils sont devenus nerveux et stressés. Aujourd'hui, un nombre incalculable de gens sont fragiles émotionnellement, voire névrosés.

A part un traitement psychiatrique, le seul remède qui puisse les guérir est l'éveil spirituel. Il équilibre les niveaux physique, émotionnel et intellectuel et permettra de vivre en harmonie. En présence d'une grande âme comme Amma, il est facile de développer son potentiel spirituel. Quand cela se produit, le mental gagne en force, en subtilité et la vision en lucidité.

Je voudrais vous raconter un épisode de la vie d'Amma qui donne la mesure de la force spirituelle qui était la sienne, même dans l'enfance.

Comme Amma passait beaucoup de temps à faire la lessive, à laver les vaches, à transporter de l'eau, etc., ses vêtements étaient

constamment mouillés. Un jour que sa robe était complètement trempée, elle en a emprunté une sa sœur. Quand sa mère,
Damayanti, s'en est aperçue, elle s'est mise en colère et a grondé
Amma : « Comment oses-tu mettre cette robe ? Elle est bien trop
belle pour toi ! » Sur ce, elle lui a arraché le vêtement des mains
et l'a emporté, laissant Amma dans sa tenue humide.

Nous pouvons facilement imaginer la détresse dans laquelle
nous aurait mis une telle situation. Mais Amma, elle, n'en éprouva
aucun chagrin. Elle se dit : « Peut-être Dieu ne veut-il pas que je
porte cette robe. Je ne vais plus, désormais, porter de vêtements
neufs sauf s'Il m'en donne. En attendant, je ne mettrai que des
habits usés dont personne ne veut. »

Dès lors, Amma ne s'habilla plus qu'avec les tenues délaissées
par les autres membres de la famille. Un jour, son frère aîné la
trouva vêtue d'un vieux chemisier imprimé de motifs de couleur. Cela lui a déplu. Il la réprimanda, l'accusant de choisir un
vêtement de couleur dans le seul but d'attirer sur elle l'attention
des garçons. Il lui ordonna d'aller l'enlever et y mit le feu sous
ses yeux. Si cette violence a laissé Amma sereine, sans colère, ni
pleurs, c'est qu'elle y voyait la volonté de Dieu. Depuis ce jour,
elle n'a porté que des vêtements blancs.

Contrairement à Bouddha, à Krishna et à Rama, qui étaient
d'ascendance royale ou aristocratique et qui reçurent une éducation princière, Amma, dans son jeune âge, a mené une vie
misérable. Mais comme elle s'est abandonnée à la volonté divine,
elle n'a pas succombé aux multiples blessures qu'elle a reçues. Elle
n'est pas davantage affectée par le statut qui est aujourd'hui le
sien, celui de chef spirituel acclamé par le monde entier. Elle a
toujours été un exemple parfait d'humilité et de simplicité ; elle
continue d'être aussi disponible et facilement accessible. Maintenant qu'elle est mondialement reconnue, la vie qu'elle mène n'a
rien de luxueux. Elle prend le moins possible pour elle-même

et donne le maximum à ceux qui ont besoin de son aide, de ses conseils, de sa bénédiction et de sa Grâce.

Les trois types d'Eveil spirituel

Amma est totalement établie dans la Conscience divine. Son potentiel spirituel est pleinement épanoui, si bien que lorsque nous sommes en sa présence, notre propre potentiel se réveille plus facilement. Par son contact, par son regard, par sa pensée Amma peut nous éveiller. Sa seule volonté suffit à ranimer notre capital spirituel. Ce phénomène est cité dans les Ecritures comme le privilège des Maîtres véritables.

Une légende intéressante raconte comment les poules, les poissons et les tortues couvent leurs œufs. La poule s'assoit sur les œufs et ceux-ci éclosent sous l'effet de la chaleur produite par leur contact permanent avec le corps de leur mère. De manière comparable, Amma peut éveiller notre potentiel spirituel uniquement par le toucher. Quand on vit constamment dans l'entourage d'un Maître, la chaleur engendrée par la discipline purifie le mental, causant la rupture de la coquille de l'ego et l'émergence du Soi.

Selon une croyance indienne, le poisson dépose ses œufs et les regarde fixement. Sous l'intensité de ce regard, les œufs éclosent. Un seul regard d'Amma éveille notre potentiel spirituel. Comme le bouton de fleur de lotus s'épanouit sous le rayon du soleil, notre cœur fermé s'ouvre sous le regard d'Amma.

La tortue pond ses œufs sur la plage et retourne dans l'eau. Là, elle pense à eux et suivant la légende, c'est l'intensité de sa pensée qui les fait éclore. Amma, elle aussi, peut nous éveiller par la seule force de son *sankalpa*. Comme une télécommande peut contrôler de nombreux appareils, les pensées d'Amma peuvent contrôler les événements que nous vivons si nous harmonisons notre cœur avec le sien.

Sans même que nous nous en rendions compte, Amma dissout

beaucoup de notre *karma* et de nos tendances latentes. Comme le cerf-volant qui décolle grâce à une bonne brise et à des mains expertes pour tirer les ficelles, nous pouvons, nous aussi, prendre notre essor vers les cieux de la spiritualité sous l'effet de la grâce et de la bénédiction d'un grand Maître comme Amma qui stimule nos pratiques.

Les bienfaits de l'Etat de Yoga

La capacité de reconnaître les conséquences pénibles d'une action ou d'une habitude, incite à rompre avec celle-ci. De même, la conscience des bienfaits qu'entraîne un autre type de comportement nous motive à en faire une habitude. Atteindre l'Etat de Yoga, c'est-à-dire l'union avec Dieu, avec la Vérité, est le but suprême de l'existence. Cet accomplissement est source de nombreux bienfaits.

L'immobilité du mental

L'esprit d'une personne qui a réalisé l'Etat de Yoga est tranquille, centré sur un seul point et libre de toute agitation. Cette sérénité ne provient pas de la satisfaction de désirs. Si c'était le cas, elle ne serait qu'éphémère, puisque dès qu'un désir est comblé, un autre surgit et avec lui, le risque de frustration et de déstabilisation. La véritable sérénité résulte d'une pratique assidue de la méditation. Celui qui a atteint l'Etat de Yoga est capable de garder le mental silencieux en dépit de ses activités et de ses responsabilités. Regardez Amma : Elle est à la tête d'un grand nombre d'institutions et elle guide personnellement des millions de gens, sans jamais prendre un jour de congé. Quand la situation le réclame, elle manifeste différentes émotions, mais en profondeur, son mental reste impassible, comme l'océan, agité en surface par les vagues, est immobile au fond. L'immobilité du mental est l'une des caractéristiques de l'Etat de Yoga.

Voir le Soi en soi-même

Ceux qui sont établis dans l'Etat de Yoga voient le Soi à l'intérieur d'eux-mêmes. Ils ne le perdent jamais de vue et le perçoivent également en tout être vivant. Dans notre état de conscience actuel, nous nous croyons séparés du reste du monde. Il y a certaines personnes que nous apprécions, certaines que nous n'apprécions pas, et d'autres qui nous indiffèrent. Par définition, le Yogi (celui qui a atteint le stade ultime du Yoga) ne voit aucune différence de nature entre lui et autrui, n'a ni attachement ni aversion, et éprouve le même amour pour tout un chacun. Certains êtres sont mauvais, d'autres sont coléreux, certains sont impatients et d'autres méchants. Ces différences n'apparaissent qu'au niveau mental. L'âme est toujours pure, tout comme celle d'un sage ou d'un saint. La Conscience n'est en rien colorée par les traits de caractère ou le comportement.

Quand je dis de mon mental qu'il est clair ou bien confus, cela sous-entend qu'il existe quelque chose d'autre que le mental, qui observe son état. Qu'est ce que ce témoin ? C'est l'*atman*, le Soi qui est au-delà du mental : conscient de tout, rien ne l'affecte. Que mon mental soit confus ne signifie pas que ma conscience le soit. Elle est comme un écran de projection. Que le film soit bon ou mauvais, cela n'affecte pas l'écran, mais sans lui, il est impossible de voir le film. Sans conscience, le mental ne peut pas fonctionner. Les vagues du mental ne touchent pas davantage la conscience que le film n'affecte l'écran.

On appelle *atman*, le Soi, cette Conscience pure et sans limitation. Une fois établi dans cette Conscience omniprésente, omnisciente et toute-puissante, le Yogi ne voit partout et en chacun que le Soi. Comblé, il n'a besoin d'aucune autre source de contentement.

L'expérience de la béatitude

Une personne établie dans l'Etat de Yoga fait l'expérience de la béatitude. Le bonheur et le malheur nous sont familiers. Le bonheur est un état d'esprit dépendant des objets, des circonstances et des autres. Qui dit bonheur dit aussi, inévitablement, possibilité de malheur. Heureux d'avoir quelque chose, nous serons malheureux de la perdre. Heureux d'être aimés, nous serons malheureux de ne plus l'être. La béatitude, elle, est au-delà de ces couples d'opposés. La béatitude n'a pas de contraire. La béatitude est la nature du Soi. Elle ne dépend de rien, d'aucun objet, d'aucune situation, de personne.

Bonheur et malheur sont du domaine du mental, mais la béatitude est au-delà du mental, elle provient de l'expérience « Je suis béatitude. »

Amma riait parfois pendant des heures sans s'arrêter et il lui arrivait aussi de pleurer. Un jour en la voyant pleurer, je lui ai demandé pourquoi elle était triste. Elle a répondu : « Qui te dit que je suis triste ? » Il s'agissait de larmes de béatitude. Celui qui est établi dans le Soi jouit d'une béatitude constante en tout lieu.

yogarato vā bhogarato vā
saṅgarato vā saṅgavihīnah
yasya brahmani ramate cittam
nandati nandati nandatyeva

Qu'il soit plongé dans le Yoga (l'union spirituelle) ou dans bhoga (les plaisirs du monde), seul ou en compagnie d'autrui, celui dont le mental se délecte de Brahman, connaît la béatitude.

Bhaja Govindam, verset 19

Demeurer dans la réalité absolue

Celui qui est établi dans l'Etat de Yoga demeure dans la réalité absolue. Selon la philosophie du Védanta, il y a trois niveaux de réalité : la réalité apparente (*pratibhasika satta*), la vérité relative (*vyavaharika satta*) et la réalité absolue (*paramartika satta*).

J'aperçois, dans la demi-obscurité, une corde enroulée et je la prends pour un serpent. Le serpent est ma réalité apparente. Quelqu'un d'autre confondra la corde avec une guirlande, sa réalité apparente à lui. On appelle ainsi réalité apparente tout ce qui est le point de vue personnel se référant à l'apparence d'un objet, mais sans rapport avec l'objet lui-même. Les rêves appartiennent à cette catégorie de réalité.

Voir une corde comme une corde, c'est voir la réalité relative. Tous ceux qui ont une vision correcte verront la même chose, une corde. Ils ne prendront pas leurs jambes à leur cou, l'identifiant à un serpent, et ne l'offriront pas à leur divinité comme guirlande. Ils s'en serviront pour attacher quelque chose. Le monde tel que nous le percevons, tel qu'il est décrit par la science et la technologie, constitue la réalité relative. On la qualifie de relative, car cette réalité est soumise au changement et son état actuel ne durera pas éternellement. Tous les objets relatifs sont sujets aux six formes de changement : la naissance, la croissance, l'existence, la transformation, le déclin et la mort. Tout ce que nous possédons dans ce monde, relations, situation, richesses, appartient au domaine de la réalité relative.

La troisième réalité est la Vérité absolue, jamais affectée par le changement, ni dans le passé, ni dans le présent, ni dans le futur. Le Soi (l'*atman*), qui imprègne toute la création, est l'unique réalité absolue. Être établi dans la réalité absolue signifie réaliser : « Je ne fais qu'un avec le Soi. »

Le gain suprême

Rien n'est comparable à la réalisation du Soi. Les Ecritures disent à ce sujet que « Lorsqu'on atteint le Soi, il n'y a rien d'autre à accomplir. » Voilà pourquoi elles parlent de « gain suprême ». Les Maîtres réalisés ne désirent plus rien. Ils ont obtenu tout ce qu'il est possible d'obtenir.

Libre de l'affliction

Quand nous atteignons l'Etat de Yoga, aucun malheur ne peut plus nous affecter. L'affliction et le chagrin appartiennent au domaine de la dualité, celui du corps et du mental. Celui qui est établi dans le Soi, sait parfaitement qu'il est le Soi et qu'il n'est ni le corps, ni le mental, ni l'intellect. Il se situe au-delà des couples d'opposés que sont la douleur et le plaisir, le malheur et le bonheur, l'attirance et l'aversion.

Krishna, dans la *Bhagavad Gita*, donne cette définition remarquable du yoga : « Le yoga est la cessation de l'association avec la souffrance. » Le mot « yoga » vient de la racine *yug*, qui a deux sens. Le premier, c'est « unir ou lier deux éléments. » Quand deux s'assemblent, c'est le yoga. Le deuxième, c'est « contrôler, arrêter, maîtriser. » Dans la première définition, le yoga est l'union du mental avec le Soi. Dans la seconde, le yoga est le contrôle du mental pour l'empêcher de s'associer avec la souffrance.

Par nature, le mental non exercé, s'associe toujours à la souffrance. Nous ne pensons pas souvent au bonheur qui est le nôtre ni aux succès que nous remportons. Même les milliardaires ont leur part de chagrins et de soucis. Quand ils sont la proie d'émotions négatives, ils oublient leur richesse. Il y a tellement de bonnes choses dans la vie. Nous devons délibérément et consciemment entraîner le mental à toujours remarquer le côté positif de la vie. Celui qui est établi dans l'état de yoga ne s'identifie plus à la douleur ni à la souffrance.

Il est aussi capable de transcender la douleur physique. Nous observons Amma donner le *darshan* sans interruption à tous les gens présents, aussi nombreux soient-ils, sans tenir compte de ses douleurs physiques ni de ses problèmes de santé. Elle garde le sourire et parle avec autant de compassion quand, pour la centième fois, un dévot s'agenouille sur son pied, ou s'appuie de tout son poids sur ses genoux, ou encore lui cogne la joue en se penchant pour lui raconter quelques déboires personnels. Amma dissocie consciemment son esprit de la souffrance du corps.

Nous devrions attacher, sinon davantage, au moins autant d'importance à la pratique spirituelle qu'à l'alimentation, au sommeil, à la famille et aux autres domaines de la vie. Amma dit toujours que la méditation vaut de l'or. Méditer, ne serait-ce que dix minutes, a beaucoup de valeur. Un moment de méditation n'est jamais perdu. Ceux qui la pratiquent déjà peuvent le faire plus longtemps, avec plus d'intensité ou plus de détermination. C'est la seule manière de fortifier le mental et de progresser vers le but. Nous nous investissons dans beaucoup de choses qui tirent le mental vers le bas. Pour l'élever, il faut pratiquer des exercices spirituels comme le *japa*, la méditation, le chant dévotionnel, le *satsang* (discussion sur la spiritualité), la lecture d'ouvrages religieux. Toutes ces activités nous motivent et nous aident à garder continuellement dans notre coeur le souvenir de Dieu. Tout le monde, grâce à un *satguru* de l'envergure d'Amma, peut atteindre l'Etat de Yoga. Puisse Amma nous accorder sa bénédiction pour que nous accédions à l'état suprême.

Chapitre 11

Accomplir son devoir

Le devoir accompli maintient l'harmonie

La physique moderne nous dit que, du fait de la loi de l'entropie, l'univers a tendance au désordre. Au contraire, l'Hindouisme prétend qu'il existe une harmonie préétablie dans l'univers et que l'évolution consiste à progresser vers l'ordre. Chaque être humain a son rôle à jouer dans le maintien de cette harmonie. Celle-ci a reçu différents noms, logos, *dharma*, Tao. Les animaux et les plantes, qui suivent leur instinct (leur nature intrinsèque) ne dérangent pas l'équilibre universel. Les êtres humains, qui eux, font usage de leur libre arbitre, peuvent soit contribuer à cette harmonie, soit la perturber.

Quand le *dharma* et l'ordre déclinent, un *satguru* comme Amma œuvre à leur restauration. Chacun de ses actes contribue à l'harmonie de la Création. Tout ce qu'il fait est donc juste, même si les apparences peuvent laisser croire le contraire.

Amma dit que chaque personne a un devoir à remplir suivant son rôle dans la société. Si elle ne l'assume pas correctement, il en résulte de la confusion et du désordre. Si le médecin ne fait pas bien son travail, ses patients souffrent. Si les policiers ne remplissent pas leur fonction, le taux de criminalité augmente. Si les membres d'une famille refusent de jouer leur rôle, le conflit s'installe.

Amma nous donne des exemples : Si nous menons une vie de famille, avec un mari ou une femme et des enfants et que nous nous acquittons de nos responsabilités à leur égard avec amour, sincérité et conscience, nous sommes en accord avec le rythme de la symphonie de la Création. La vie de famille est harmonieuse quand chacun assume sa fonction. Une famille est une petite unité de la création qui en comprend des millions. Il en va de même pour les hommes politiques, les hommes d'affaires, les militaires ou les moines. Chaque personne a sa partition spécifique à jouer dans l'orchestre. Si chacun remplit son rôle, l'harmonie de la Création n'est pas dérangée.

Pour que le *dharma* soit maintenu, il faut que chaque individu de la société ait cette attitude. L'homme politique sincèrement au service de ses concitoyens, l'homme d'affaires qui ne cherche ni à escroquer ses clients ni à faire des profits exagérés ou le médecin qui soigne ses malades avec affection et gentillesse contribuent à l'harmonie. En fait, ils vénèrent Dieu, même s'ils n'ont aucune pratique religieuse ou spirituelle. En revanche, si le politicien exploite le peuple, si le médecin demande des honoraires exhorbitants, ils agissent à l'encontre du *dharma*, ils créent la disharmonie.

Amma dit que lorsque vous jouez votre rôle selon votre fonction ou votre *dharma*, vous contribuez naturellement à l'équilibre de l'univers. Chaque individu est l'un des rayons ou l'un des engrenages de la grande roue de la Création. Il suffit que l'un d'entre eux soit cassé ou endommagé pour affecter le mouvement de la roue. L'univers est tellement vaste que, bien évidemment, nous ne nous en rendrons pas compte. Mais, à échelle réduite, nous pouvons faire facilement l'expérience du désordre. Une cuillère à café de sel dans une tasse d'eau lui donne un goût salé alors que la même quantité dans un seau n'altère pas la saveur de l'eau. Ce n'est pas parce que nous ne décelons pas son goût qu'il n'y a pas de sel, c'est simplement que nous ne sommes pas capables de le percevoir.

Ainsi, en accomplissant mon devoir, je participe à l'ordre et au bien-être du monde. Dans le cas contraire, je crée un déséquilibre qui engendre douleur et souffrance. Quand je trouble l'harmonie, je vais à l'encontre de Dieu. Quand j'y contribue, je Le sers.

Que nous le voulions ou non, nous devons assumer nos responsabilités sans attachement ni aversion. C'est là que réside la difficulté et nous avons besoin de l'aide d'un *satguru* pour y parvenir.

Je voudrais vous conter une histoire qui est arrivée à un dévot occidental à Amritapuri. Cet homme, doux et calme, éprouvait un amour profond pour Amma. A cette époque, chaque fois qu'Amma s'apprêtait à participer à un *seva* et qu'elle invitait tout le monde à la rejoindre, une cloche sonnait pour en avertir les résidents. Ce genre de travail ne suivait pas des horaires déterminés. En fonction des besoins et des urgences, Amma menait les tâches à leur terme et les résidents l'accompagnaient avec joie, de jour comme de nuit, sous le soleil comme sous la pluie. Beaucoup de gens aimaient aider Amma dans les travaux nocturnes parce que, une fois le *seva* terminé, elle préparait du café, faisait griller des cacahuètes et les distribuait aux participants. Ensuite, elle rassemblait tout le monde autour d'elle, et racontait des histoires, des blagues ou donnait un *satsang*.

C'est la première nuit que passe à l'ashram ce dévot occidental. La cloche appelle au *seva* vers une heure du matin. Il ne se lève pas et est contrarié d'être dérangé dans son sommeil à une heure si incongrue par le son d'une cloche et le remue-ménage qui s'en suit. Le lendemain matin, pendant le *darshan*, il fait triste figure. Il se plaint à Amma : il a du mal à dormir à cause de la cloche qui sonne et des gens qui se lèvent au beau milieu de la nuit. A partir de ce jour-là, il dort avec des boules Quiès.

Après avoir vu plusieurs jours de suite que les résidents travaillaient à des *sevas*, il veut également y participer. Il est donc affecté à une tâche régulière dans la cuisine, l'endroit le plus bruyant de l'ashram. Cet homme très attaché au silence, aussi bien le jour que la nuit, est déconcerté à l'idée de travailler dans un tel vacarme, mais il est résolu à donner satisfaction à Amma par son service et il s'y met. Les premiers jours, il lui est difficile de supporter le brouhaha et la promiscuité. Au bout d'un certain temps, son attachement au silence et à la tranquillité diminue et il finit par être indifférent au chahut. Finalement, un beau jour, il nous explique sur le ton de la plaisanterie qu'il ne peut pas dormir la nuit quand elle est trop calme ! L'amour qu'il porte à Amma et son assiduité au travail lui ont permis de dépasser ses préférences personnelles. Il goûte pour la première fois le silence intérieur, inaffecté par les bruits extérieurs. Auparavant, le moindre son l'empêchait de dormir. Maintenant, il peut dormir dans le vacarme aussi paisiblement que dans une grotte tranquille de l'Himalaya.

Cette histoire démontre à quel point il est important d'accomplir ses tâches avec soin. Voilà pourquoi le Maître nous assigne des responsabilités spécifiques. Quand un médecin, habitué à travailler dans une atmosphère aseptisée à l'hygiène parfaite, vient à l'ashram, il peut arriver qu'on lui demande de travailler à l'étable. Même si dans les premiers temps il n'apprécie guère sa nouvelle activité, son déplaisir s'estompe progressivement et il commence à prendre goût à ce qui le rebutait d'abord. C'est le moment que choisit Amma pour l'envoyer travailler à l'hôpital, car à ce stade il est capable de ressentir de l'empathie pour les patients pauvres, sales, vêtus de haillons. C'est une formation qu'on ne peut pas recevoir à l'université.

Un *brahmachari*, nouveau-venu à l'ashram, est, lui aussi, chargé de s'occuper des vaches. Il se trouve qu'il possède des diplômes unversitaires et il proteste auprès d'Amma, car il est venu, dit-il, pour étudier les Ecritures et pratiquer des exercices spirituels et non pour perdre son temps avec des vaches.

Un ou deux mois plus tard, un grand érudit vient à l'ashram. Nous lui demandons de nous faire des cours sur le *Srimad Bhagavatam*. Un jour, en commentant un passage, il parle du service aux vaches, les animaux préférés de Krishna. Le texte dit que ce service est sacré et équivaut à servir Dieu lui-même. Dans la tradition hindoue, la vache est considérée comme un animal sacré. Celui qui refuse de s'occuper d'une vache laisse passer une chance inouïe de gagner les Grâces du Seigneur. Le *brahma-chari* qui n'a pas voulu du *seva* à l'étable comprend son erreur en écoutant cette leçon et informe Amma qu'il se ferait un plaisir d'accepter ce travail.

Cependant, Amma a d'autres projets pour lui. Elle lui demande de servir à la cuisine. Cela ne lui plaît pas non plus, mais il finit par éprouver du remords de son attitude rebelle et pour se racheter, il se met à nettoyer les toilettes et les salles de bain.

Peu importent nos sentiments à l'égard de la tâche qui nous est donnée, nous devons l'exécuter sans faillir, sans chercher des excuses pour en fuir la responsabilité. Que nous l'apprécions ou non, cela dépend de nos préférences, mais si nous l'accomplissons comme un devoir, nous pourrons lentement dépasser nos goûts personnels. C'est pour cette raison qu'Amma nous donne parfois un travail que nous n'aimons pas. D'une manière ou d'une autre, aujourd'hui ou demain, nous devrons surmonter nos attirances et nos répulsions. Si nous leur restons attachés, elles nous perturbent, ce qui est préjudiciable au chercheur spirituel que nous sommes. En effet, toute agitation mentale interfère avec la méditation, nous empêchant de nous concentrer sur la pratique spirituelle. Une personne qui ne pratique pas d'exercices spirituels n'est pas dérangée par ce mouvement du mental, qui peut même passer inaperçu tant qu'il n'engendre pas de trouble psychologique.

Le monde ne sera jamais conforme à nos désirs. Il nous faut apprendre à l'apprécier tel qu'il est. C'est le prix à payer pour connaître la paix de l'esprit. Sinon, même si nous sommes riches et puissants, nous trouverons toujours des raisons d'être triste, tendu et agité. Si nous méditons et pratiquons des activités spirituelles, c'est essentiellement pour arriver à transcender la négativité et l'agitation du mental et pour jouir de la paix intérieure. Tout ce qu'Amma nous demande de faire ne sert qu'à nous permettre de réaliser cet objectif.

Le pouvoir des habitudes

En présence d'Amma et grâce à l'exemple qu'elle donne, beaucoup souhaitent cultiver de bonnes habitudes. Même les enfants ressentent ce désir. Le problème, c'est que la plupart d'entre nous sommes incapables de garder cette motivation. Dès que nous nous éloignons d'Amma, nous avons tendance à reprendre notre mode de vie antérieur, car si les mauvaises habitudes se reprennent facilement, les bonnes s'acquièrent difficilement. Inversement, il est aisé d'abandonner les bonnes et ardu de renoncer aux mauvaises. Nous devons donc nous exercer délibérément à changer nos comportements jusqu'à ce que les qualités que nous voulons acquérir s'enracinent et deviennent spontanées et naturelles. Quand, par un exercice de volonté, nous avons ainsi développé une nouvelle bonne habitude et qu'elle devient partie intégrante de notre caractère, il devient alors très difficile de la laisser tomber.

Si nous voyons clairement l'effet des bonnes habitudes sur le mental, nous comprenons mieux l'importance de les cultiver. Toute notre pratique spirituelle n'a qu'un seul but : le silence du mental et la connaissance du Soi. Comme l'eau calme d'un lac reflète la clarté de la lune, un mental paisible et silencieux révèle le Soi. Voilà pourquoi la clarté du mental a tant d'importance. Quand nous avons pris de bonnes habitudes, et que nous sommes empêchés de les pratiquer, cela nous manque.

Amma dit que les mauvaises habitudes telles que l'impatience, la jalousie, le jugement et la critique d'autrui sont des obstacles à la paix de l'esprit et qu'il est essentiel de les remplacer par des bonnes habitudes.

Le mental prend certaines habitudes, essentiellement

négatives et superflues, et il se retrouve piégé. Il est impossible de les transformer toutes en un an ou deux. Leur pouvoir est si grand qu'il faut faire beaucoup d'efforts pour remettre le mental dans le droit chemin.

Amma raconte une histoire qui illustre la force des habitudes. C'est la mésaventure d'un homme pauvre qui vient trouver un *sannyasin* pour lui demander de l'aider à devenir riche. Le saint homme lui donne sa bénédiction et lui décrit une plage où se trouvent des pierres précieuses. « Ramasse-les, vends-les et tu auras beaucoup d'argent. Le seul problème, c'est qu'il est difficile de les différencier des pierres ordinaires. Elles se ressemblent toutes et sont éparpillées sur la plage. Alors, fais bien attention : si une pierre dégage de la chaleur quand tu la tiens dans la main, tu peux être sûr que c'est une pierre précieuse. » L'homme se rend immédiatement à la plage en question et se met au travail. Il ramasse les pierres les unes après les autres et les teste. Il lui vient à l'idée que s'il repose au sol les pierres éliminées, elles vont se confondre avec les autres et il ne saura plus reconnaître lesquelles ont été testées. Il décide donc de jeter dans l'eau chaque pierre dépourvue de chaleur.

Jour après jour, il cherche sur la plage. Les semaines, les mois passent et enfin, il découvre une pierre qu'il sent chaude. Il est fou de joie d'avoir trouvé une pierre précieuse. Néanmoins, après avoir perçu sa chaleur, il la jette à l'eau comme d'habitude !

Cette histoire illustre l'emprise qu'exercent les habitudes sur notre comportement. C'est pour cela qu'Amma nous dit de cultiver de bonnes habitudes. Nous réduirons ainsi la force de celles qui sont néfastes. Une habitude affaiblie peut facilement se vaincre. Au début, nous n'apprécierons sûrement pas le nouveau comportement que nous adoptons, il nous faudra faire des efforts pour persévérer. Que cela nous fasse plaisir ou non n'a pas d'importance, le simple fait de pratiquer donne des forces. « Essayez de réciter des mantras, de faire des lectures sur la spiritualité, de méditer, d'écouter des *bhajans*, de participer à des *satsangs* », insiste Amma. La pratique spirituelle ne se réduit pas à la seule méditation, nous avons le choix. Ces activités ont l'avantage de nous donner de bonnes habitudes et le mérite de nous concentrer sur Dieu.

Il se peut que certaines de mes conduites n'aient aucun intérêt, mais je les répète par habitude. Avant que l'on ne découvre que le tabac provoque le cancer, l'habitude de fumer était très répandue. Maintenant, on trouve sur chaque paquet de cigarette un avertissement du Ministère de la Santé Publique : « Fumer nuit gravement à la santé. » Grâce à cela, beaucoup de gens ont renoncé à leur dépendance, même de grands fumeurs. La prise de conscience du danger leur a permis d'arrêter.

De même, le fait de comprendre la futilité ou la nocivité d'un comportement, nous pousse à le changer ou à l'abandonner.

Sept vœux par semaine

Faire un vœu représente un grand défi contre la paresse, l'inertie, la tendance à remettre au lendemain. Cela revient à mettre une bride au cheval sauvage et indompté qu'est notre mental. Si nous avons la maîtrise du cheval, monter est non seulement un plaisir en soi, mais aussi un moyen d'arriver plus rapidement à destination. En revanche, chevaucher une monture débridée et non dressée est une expérience redoutable qui peut se terminer de façon désastreuse, voire par la mort.

Il me revient à ce sujet un dicton bien connu : « Qui sème une pensée récolte une action, qui sème une action récolte une habitude, qui sème une habitude récolte un caractère. » Toute activité routinière qui se répète assez longtemps se transforme en habitude. La somme des habitudes forme le caractère. Le caractère est la clé de voûte de la réussite. Cependant, nous le savons tous, il est impossible d'acquérir toutes les qualités du jour au lendemain. La seule solution consiste à en cultiver quelques unes à la fois pendant une longue période pour qu'elles deviennent une seconde nature. Si la douche quotidienne lave le corps, l'observance d'un vœu nettoie le mental de la jalousie, de la haine, de la colère, de l'impatience, etc.

Voilà une proposition de sept vœux, l'ABC de la vie spirituelle, qui reposent sur l'enseignement d'Amma et que nous pouvons mettre en pratique l'un après l'autre, un pour chaque jour de la semaine. L'ordre importe peu, choisissez simplement un jour pour chaque vœu. Comme le lait tourne quand on le verse dans une casserole sale, la Grâce divine perd son pouvoir quand elle pénètre dans un mental impur. Ces observances permettent de purifier et de maîtriser le mental. La spécificité de cette méthode, c'est qu'elle produit des effets positifs immédiats. Prenez la ferme résolution d'observer un vœu par jour. Au cas où vous en seriez empêchés, reportez-le à la semaine suivante. Amma nous y incite : « Cultiver des qualités fait partie intégrante de la démarche spirituelle. Vivre la spiritualité sans la mettre en pratique est aussi impossible qu'habiter le plan d'une maison dessiné par l'architecte. »

Premier jour : Je contrôle ma colère.

Tout le monde sait que la colère fait du mal. Cependant qui d'entre nous est capable de respecter l'engagement de ne plus jamais se mettre en colère ? Ce serait extrêmement difficile. Commençons par décider fermement de contrôler notre colère ou notre tendance au jugement et à la critique d'autrui juste pour une journée. Cela devient réalisable et créera une magnifique ambiance dans notre foyer ou sur notre lieu de travail.

Deuxième jour : Je souris.

Ajoutez un sourire. Si nous décidons (une fois par semaine, rappelons-le) de nous adresser aux autres avec le sourire, le résultat ne se fera pas attendre. Nous récolterons de merveilleuses réponses. Si le contexte exige d'élever la voix, de gronder ou de réprimander, faisons-le avec le sourire et nous verrons tout de suite la différence. Pour froncer les sourcils, il faut l'intervention de nombreux muscles, davantage que pour sourire. De plus, le sourire embellit !

Troisième jour : Je pratique une activité spirituelle.

Amma nous garantit que si nous chantons les mille noms de Dévi (la déesse) tous les jours avec dévotion, la Mère Divine pourvoiera toujours à nos besoins vitaux. Chanter quotidiennement ces mille phrases en sanscrit peut être un exercice trop difficile pour un débutant. Dans ce cas, qu'il essaye de consacrer une heure à Dieu pendant le week-end en choisissant une des activités suivantes : récitation d'un mantra, méditation, chants dévotionnels, etc.

Quatrième jour : Je m'abstiens d'une mauvaise habitude.

Il est très difficile d'arrêter de fumer définitivement, comme de se désintoxiquer de la drogue ou de l'alcool, même en étant déterminé. Tentons de nous passer des substances auxquelles nous sommes accoutumés le jeudi, par exemple, puisque c'est le jour du Gourou, en considérant cette abstinence d'une journée comme un acte d'obéissance. Progressivement, nous contrôlerons le mental, nous réussirons à nous débarrasser de toute dépendance. Si vous ne souffrez d'aucune d'elles, décidez de vous priver pendant une journée d'un objet auquel vous êtes attachés, qu'il s'agisse de votre aliment favori ou de la télévision. Amma dit que la spiritualité, c'est la capacité d'immobiliser le flot du mental à volonté, à tout moment, comme on appuie sur les freins d'une voiture toute neuve.

Cinquième jour : Je restreins mon alimentation.

Quand nous prenons du repos, le corps peut se détendre, mais le tube digestif, lui, continue de travailler dur, et de digérer tout ce que nous avons avalé. En prenant la décision, une fois par semaine, de ne prendre qu'un seul repas dans la journée, vous lui permettrez de se reposer de son incessant labeur et ce sera bon pour votre santé. Pensez à boire une quantité suffisante d'eau. Si vous êtes malade et que le médecin vous déconseille de jeûner, n'observez pas ce vœu, choisissez un autre déconditionnement.

Sixième jour : Je rends service.

Il y a de nombreuses possibilités de rendre service. Quand on cherche attentivement, on trouve toujours une occasion d'aider. Si malgré tout, vous ne trouvez pas le moyen de servir directement autrui, vous pouvez donner un certain pourcentage de vos revenus à une ou plusieurs organisations caritatives. La meilleure forme de service désintéressé est anonyme ; personne, y compris le bénéficiaire, ne sait de qui provient l'aide.

Septième jour : Je reste en silence.

Il vous est peut-être impossible de garder le silence toute la journée. Commencez alors par une heure, la première de votre journée et la semaine suivante, essayez deux heures. Vous augmentez ainsi lentement le nombre d'heures de silence jusqu'à ce que vous soyez capable de le respecter la journée entière. Si vos responsabilités ne vous permettent pas de vous taire du matin au soir, décidez de ne parler qu'en cas de nécessité. Ne vous lancez pas dans les commérages ou les bavardages futiles. Amma explique que l'excès de paroles augmente l'agitation mentale, nous vide de notre énergie et noie la subtile voix divine intérieure. Quand nous observons le silence, les pensées continuent de surgir dans le mental mais nous conservons notre énergie et cela nous permet de nous concentrer sur Dieu. Amma affirme que les pensées n'agitent pas plus le mental que de simples ondulations à la surface d'un verre d'eau n'affectent son contenu. Malgré ces ondulations, il n'y a pas de déperdition d'eau, alors que les paroles entraînent autant de conséquences qu'un verre qui déborde ou se renverse.

Faites le point une fois par mois sur les progrès réalisés et sur ceux qu'il reste à accomplir et demandez-vous s'il est opportun de changer l'une de vos résolutions. D'après Amma, un aspirant spirituel doit cultiver la patience, l'enthousiasme et une foi optimiste. Motivez-vous et persévérez dans vos efforts.

Tout ce qu'Amma nous demande, c'est d'abandonner nos mauvaises habitudes et nos défauts à ses pieds de lotus et en échange, de prendre une de ses innombrables qualités divines comme si c'était son *prasad*. Ces vœux sont les lampes qui illumineront le chemin qui traverse la sombre forêt de l'ignorance et qui permettront également aux autres de ne pas s'égarer. Nous pouvons suivre ces engagements, au moins quelques-uns, sans trop de difficultés.

Si nous arrivons à prendre au moins une bonne habitude, beaucoup d'autres suivront. Quand une fourmi prend une direction, les autres l'imitent. De même, une habitude créée suffit à en engendrer d'autres.

Dans la *Bhagavad Gita*, Krishna affirme qu'aucun des efforts entrepris le long du chemin spirituel n'est vain ni nocif. Donc, même le peu que nous ferons dans le but d'adopter de nouveaux comportements positifs et de nouvelles valeurs, portera ses fruits.

Dédier nos actions à Dieu ou au Gourou

Si nous arrivons à avoir la ferme conviction que le Gourou ne fait qu'un avec Dieu, et que tous ses conseils ne servent que nos intérêts, nous sommes capables d'apprendre à l'aimer et à nous consacrer à son service. Progressivement, nous voudrons Lui consacrer tous nos gestes. C'est la meilleure façon de Le servir. Inutile de se demander s'il est possible de dédier une action négative à Amma. Si nous l'aimons au point de vouloir lui offrir tout ce que nous faisons, nous ne pouvons pas nous conduire mal. Il en va de même, bien sûr, si nous choisissons de servir Dieu. En offrant chaque action à Dieu ou au Gourou, nous commençons à diminuer le nombre des mauvaises actions et finissons par les éliminer totalement. En offrant nos activités quotidiennes à Dieu ou à notre Maître spirituel, nous les purifions.

Si nous n'en sommes pas capables, le simple fait d'accomplir notre devoir avec sincérité nous vaudra des mérites, disent les Ecritures.

Le rôle des Mahatmas dans la restauration de l'harmonie

Tous les êtres vivants possèdent un système immunitaire qui empêche les corps étrangers de pénétrer ou de rester à l'intérieur de leur organisme. Dès que nous avons une poussière ou un insecte dans l'œil, par exemple, les larmes coulent abondamment et repoussent l'intrus vers le coin de l'œil. Si du piment ou du pollen irritent la muqueuse nasale, nous éternuons tout de suite. En cas d'infection, le système immunitaire combat et élimine les microbes. Les Mahatmas comme Amma sont le système immunitaire de l'humanité. Ils protègent la planète contre les maladies de l'immoralité, du crime, de la violence, de la colère et de la haine. Amma dit qu'ils ont la même fonction de soutien que les piliers d'un bâtiment. Ils soutiennent la Création de multiples manières, grâce à leur amour inconditionnel, à leur compassion et à leurs pures vibrations.

La plupart des dieux et déesses du panthéon hindou brandissent des armes. Beaucoup d'occidentaux en ont déduit que ces divinités représentent des forces despotiques et souvent démoniaques et que si les gens leur vouent un culte, c'est soit par peur, soit par ignorance. En réalité, les armes sont généralement symboliques. Ainsi, l'épée de Kali symbolise le pouvoir du discernement et le trident symbolise les trois qualités fondamentales : la sérénité, l'activité et le repos. Ces armes ont pour fonction de lutter contre le désordre social. Les Avatars comme Rama et Krishna ont tout essayé : la charité, la raison, la diplomatie, pour transformer les méchants. C'est seulement quand ces méthodes pacifiques ont échoué qu'ils ont eu recours à la violence et puni ou tué les ennemis du *dharma*. Ils ont agi par devoir, pour assumer leur responsabilité de maintien de l'ordre dans la nation.

Tandis que Rama et Krishna éliminaient les individus qui refusaient de réformer leur comportement, Amma, elle, supprime nos défauts. Elle nettoie notre mental, ce qui nous fait changer de conduite.

Le dessein de tous les Avatars est de restaurer l'harmonie du monde. Les méthodes qu'ils utilisent pour atteindre ce but varient suivant les coutumes, la culture et le contexte d'une époque donnée. Le fait d'éternuer n'est d'aucun secours pour évacuer une saleté dans l'œil, de même les pleurs ne nous débarrasseront pas d'une mouche dans la narine. Ainsi, les Avatars et les Mahatmas adoptent des moyens spécifiques, correspondant à la situation du moment, pour rétablir le *dharma*.

L'arme d'Amma

L'arme de Rama était l'arc, celle de Krishna le disque et celle d'Amma est l'Amour. Bien sûr, Rama et Krishna incarnaient également l'Amour suprême, mais le premier étant roi et le second, conseiller de roi, leur destin était de combattre les forces ennemies du *dharma*. Comme Amma s'est incarnée pour le bien du monde sous l'aspect de la Mère Universelle, elle utilise essentiellement l'arme de l'amour.

Amma reste assise pendant des heures à nous écouter, à nous consoler, à nous donner la force de relever les défis, avec un amour infini et une patience illimitée. C'est la puissance de cet amour qui a conduit tant de personnes à rejoindre son armée de serviteurs désintéressés. Cette énergie d'amour transcende les différences de nationalités, de langues, de religions, de cultures. Elle nous permet de transformer le négatif qui nous habite et de nous en libérer.

Nous avons tous l'amour du pouvoir, mais nous n'avons pas le pouvoir de l'amour. Notre amour est égoïste. L'amour d'Amma est au-delà de l'amour humain. C'est le pouvoir de son amour qui nous fait oublier nos soucis. Amma se met à notre niveau, elle chante avec nous, danse avec nous, plaisante avec nous, pleure avec nous, pour que nous puissions nous brancher sur la même longueur d'onde qu'elle et ainsi, nous élever à son niveau.

Un malade mental a habité à l'ashram pendant quelques années. Personne ne lui parlait car ses paroles étaient dépourvues de sens. Mais chaque fois qu'il allait au *darshan*, Amma lui consacrait plus de temps qu'aux autres et lui posait toujours des questions : « Es-tu heureux, mon fils ? Manges-tu assez ? » Un jour, elle lui demande : « Tu as l'air triste. Qu'est-ce qui ne va pas ? » Il répond : « Je suis triste et en plus je suis en colère contre toi, parce que tu n'as pas fait tellement attention à moi la dernière fois que je suis venu au *darshan* ! » A la place d'Amma, nous l'aurions purement et simplement repoussé. Amma, au contraire, a passé dix minutes à lui expliquer combien elle s'intéresse à lui et que c'est à cause du grand nombre de visiteurs qu'elle n'a pas pu lui consacrer davantage de temps ce jour-là. Il était tout heureux d'entendre les explications d'Amma.

Dans les débuts de l'ashram, il y avait beaucoup d'athées et de fauteurs de troubles qui dénigraient et critiquaient Amma. Comme elle est la patience et l'amour personnifiés, elle a supporté leur comportement sans être affectée et sans réagir. Cependant, quand les mécréants se mettaient à harceler ses dévots, elle en était profondément remuée. Amma tente de nous expliquer quelle est sa nature à l'aide d'une comparaison : « Si l'on fait une entaille sur le tronc d'un arbre, cela ne lui fait rien, mais sur l'une de ses jeunes pousses, cela affecte l'arbre. »

Je me souviens d'un jour particulier de Krishna *Bhava*. Amma avait comme d'habitude le visage illuminé d'un beau sourire enchanteur et l'assistance baignait dans la béatitude d'être en sa présence divine. A un moment, entre dans le temple, un dévot complètement affolé. Il vient de se faire sérieusement harceler par des opposants d'Amma. Profondément agité et bouleversé, il s'effondre à ses pieds en sanglotant. Il supplie Amma de remédier à cette situation. Tout à coup, le visage d'Amma change d'expression, elle a maintenant l'air extrêmement féroce. Ses yeux deviennent semblables à des billes de métal incandescentes qui projettent des flammes de colère.

Elle forme de ses doigts joints le *mudra* de Dévi. C'est la première fois qu'Amma prend l'aspect féroce de la Déesse. Elle ne retrouve son calme qu'après un grand nombre de prières et de mantras. Plus tard, elle explique : « En voyant la détresse de cet homme, j'ai ressenti l'envie de détruire tous les gens malveillants qui persécutent les dévots. L'aspect féroce de la Mère Divine s'est spontanément manifesté pour protéger les persécutés. »

Chapitre 12

Le pouvoir de l'amour

L'amour est don

Il existe de nombreuses formes de pouvoir, mais la plupart ont une action limitée. Pour soulever des poids lourds ou courir le marathon, il faut une certaine puissance musculaire. Ce genre d'énergie est toutefois limitée. La force musculaire, par exemple, n'est d'aucune utilité pour calmer les pleurs d'un bébé. Le pouvoir de l'argent est lui aussi limité. Si vous êtes en deuil après la mort d'un être cher, aucune somme d'argent n'est capable d'effacer votre chagrin. Le pouvoir politique a également ses limites.

Cependant, personne n'a encore découvert de limite à l'amour. L'amour est le pont qui relie l'humain au divin. Dieu, nous le savons, est infini et tout puissant. Il est aussi tout amour. La puissance de l'amour ne connaît donc pas de bornes. L'amour s'exprime par le don. L'amour ne prend jamais rien. L'amour cherche toujours l'occasion de donner.

L'amour transforme

L'amour, nous dit souvent Amma, est le fondement de l'existence. Là où règne l'amour, les problèmes sont rares. Moins il y a d'amour, plus il y a de problèmes. Ceux-ci peuvent tous être résolus par l'amour.

Nous pouvons penser que cette affirmation n'est que le vœu pieux d'une mère affectueuse et qu'elle ne peut être vraie dans le vie quotidienne. Si tous les problèmes peuvent être résolus par l'amour, comment expliquer qu'il y ait tant d'effusions de sang et de violence sur notre belle planète ?

Quand nous avons recours à la force ou à la violence pour atteindre notre objectif, c'est généralement parce que nous manquons de patience, de compréhension et de persévérance. Si nous possédons la force de l'amour pur et si nous savons l'exprimer dans chacune de nos pensées, chacune de nos paroles, chacun de nos gestes, nous pouvons débarrasser la surface de la terre des horreurs de la guerre et de la violence.

Lors du Sommet pour la Paix Mondiale aux Nations Unies, Amma a dit : « Ce que la guerre, la violence et la force ne peuvent accomplir, l'amour peut le faire. »

L'inventaire de tout ce qu'elle a réalisé par amour confirme ses dires. Malgré les mauvais traitements qu'elle a subis de la part des villageois durant son enfance et son adolescence, elle n'a jamais réagi par la haine ou la rancune. Elle est comme l'arbre fruitier qui donne des fruits savoureux même si on lui jette des pierres : elle répond à l'hostilité et à la haine des habitants du village par la charité et pourvoie généreusement encore aujourd'hui aux besoins des nécessiteux.

A son retour en Inde, après le sommet des Nations Unies, elle a reçu un accueil émouvant des villageois, pourtant si longtemps agressifs et haineux à son égard. Les mains qui, autrefois, lui avaient lancé des pierres et s'étaient rendues coupables d'actes de vandalisme contre l'ashram, jetaient à présent, en offrande, des pétales de fleurs sur son passage. Les langues qui hier, l'avaient insultée et avaient tenté de la couvrir de honte, chantaient aujourd'hui un mantra à sa gloire « Om Amriteswaryai Namah », ce qui signifie : « Salutations à la Mère Divine Amritanandamayi. »

Il a fallu presque cinq heures à Amma pour parcourir la douzaine de kilomètres qui séparent l'ashram de la route principale à cause du nombre de gens rassemblés sur le trajet. Chaque famille avait allumé une lampe à huile devant sa maison en signe de respect et de vénération et ils ont attendu pendant des heures, debout, pour capter son regard lors de son passage. Dès son arrivée à l'ashram, une pluie fine s'est mise à tomber, comme si la Mère Nature, elle-même, pleurait de joie devant ce changement d'attitude extraordinaire. C'est un miracle de l'amour. La vie d'Amma est une suite ininterrompue de tels miracles.

Amma rompt une règle de l'ashram

J'avais deux obstacles à surmonter pour devenir un *sannyasin*, l'attachement à mes parents et mon amour pour le yaourt et le petit-lait. Très attaché à mes parents, je n'aurais jamais imaginé les quitter pour vivre dans un ashram. J'avais aussi l'habitude de manger du yaourt ou du babeurre tous les jours et je ne me voyais pas me contenter de la nourriture de l'ashram à longueur d'année. A cette époque, aucun de ces produits laitiers ne figurait au menu d'Amritapuri, encore moins à celui des *brahmacharis* ! Ces aliments riches sont considérés impropres au maintien de la chasteté. Le yaourt ne faisait d'ailleurs pas partie des habitudes alimentaires de la population locale.

Pourtant, quand Amma m'a interrogé sur mon désir de rester à l'ashram et de devenir *brahmachari* et que j'ai posé la condition de pouvoir manger autant de yaourt ou de babeurre que chez moi, elle a accepté et a fait le nécessaire pour m'en fournir. Par amour, Amma est prête à transgresser toute règle et tout usage dès qu'il s'agit du salut d'une âme. Elle savait fort bien qu'en dehors de l'ambiance protégée de l'ashram, je succomberais très probablement aux illusoires plaisirs des sens.

Ma mère m'a un jour envoyé une lettre dans laquelle elle insultait Amma en la traitant de fille de pêcheurs. Cela m'a mis très en colère. J'avais fait l'expérience de l'amour désintéressé d'Amma et de sa splendeur spirituelle et je ne pouvais pas supporter qu'on la critique ou qu'on la maltraite. J'ai donc décidé, en représailles, de ne plus rendre visite à mes parents et de ne plus leur écrire tant qu'ils n'auraient pas demandé pardon ou parlé en bien d'Amma.

Ils n'ont fait ni l'un ni l'autre. Au contraire, ils ont engagé un prêtre pour accomplir des rituels tantriques[8] destinés à me faire changer d'avis, à me faire revenir à la maison. Ils m'ont aussi fait parvenir un talisman à porter autour du cou ; il était chargé d'énergie par la récitation de mantras. Ils l'ont confié à un membre de ma famille qui me l'a apporté et qui devait veiller à ce que je le mette. J'ai fini par exposer la situation à Amma. Elle m'a répondu : « Ce talisman est assez puissant pour te déstabiliser et te perturber, mais ne te fais pas de soucis. Mets-le et Amma te protègera contre sa toxicité. » Elle voulait que je le porte pour donner satisfaction à mes parents, je l'ai donc mis autour de mon cou. Malgré leur totale hostilité à son égard, Amma se montrait très aimante envers eux et ne manquait aucune occasion de leur faire plaisir.

Mes parents s'attendaient à me voir revenir rapidement sur ma décision de vivre à l'ashram car le prêtre qui avait pratiqué le rituel tantrique destiné à me faire changer d'avis était très réputé et considéré comme un expert en la matière. Quand ils ont vu que je persévérais dans mon choix et que les incantations du prêtre étaient inopérantes, ils ont compris qu'Amma était plus puissante qu'ils ne le croyaient.

Au bout d'un certain temps, plusieurs événements les ont convaincus de la divinité d'Amma. Ils ont compris qu'elle ne faisait qu'une avec la Mère Divine qu'ils priaient tous les jours. Leur vie en a été transformée et finalement, ils sont devenus dévots d'Amma.

---

[8] Le *Tantra* est un système de culte pratiqué pour obtenir la bénédiction d'une puissance supérieure. L'accent est mis davantage sur les *mudras* que sur les mantras.

La qualité, non la quantité

Une femme du Tamil Nadu est venue voir Amma pour la première fois et comme je parle le tamoul, on me demanda de servir d'interprète. Elle était très impressionnée par Amma, par l'amour qu'elle répand et l'énergie spirituelle qu'elle dégage. Avant de repartir, elle a fait un don important à l'ashram. A cette époque, nous étions souvent à court d'argent et c'était une chance inespérée, une vraie bénédiction pour nous.

Elle revint un mois plus tard et arriva juste après la fin du *darshan* alors qu'Amma était déjà dans sa chambre. Dès que je l'aperçus, je me précipitai chez Amma avec l'idée suivante : « Amma sera très impressionnée de savoir que notre généreuse donatrice est revenue et elle va descendre immédiatement pour lui parler. » Je frappai à la porte d'Amma et j'entrai. Amma était en train de lire des lettres de dévots. « Qu'est-ce que tu veux ? » demanda-t-elle. A l'expression de son visage, je compris qu'elle n'était pas contente. J'hésitai donc à ouvrir la bouche, mais je pris mon courage à deux mains et dis :

« La dame du Tamil Nadu qui nous a donné beaucoup d'argent est revenue.

- Et alors ? »

Je ne savais que dire. Je marmonnai quelques mots et suis allé dans ma chambre sans même accueillir cette femme. Quelque temps après, pour une raison quelconque, je suis passé près de la chambre d'Amma et je l'ai vue sur le balcon. Elle m'a appelé pour me demander si des dévots l'attendaient. Je sautai sur l'occasion pour reparler de la femme du Tamil Nadu.

« Tais-toi ! Je ne te parle pas de cette femme. Y a-t-il quelqu'un d'autre qui attend ? »

Je m'empressai d'affirmer que j'allais me renseigner et je trouvai un couple avec ses deux enfants. Dès le premier coup d'œil, je me rendis compte qu'ils étaient extrêmement pauvres.

Les enfants avaient le nez qui coulait, les joues sales et les cheveux emmêlés. Ils ressemblaient à des mendiants. Il se trouvait qu'ils étaient arrivés à l'ashram trop tard pour aller au *darshan* et qu'ils étaient très déçus de n'avoir pas vu Amma, au point qu'ils se mirent à pleurer. C'est à ce moment que je vins les trouver de la part d'Amma.

J'allai immédiatement rendre compte de la situation à Amma : « Il y a une famille qui attend. Il sont arrivés après la fin du *darshan* et n'ont pas pu te voir. Ils doivent repartir aujourd'hui même, car ils tiennent une petite boutique où ils servent du thé. Ils l'ont fermée pour venir à l'ashram, mais ils doivent absolument ouvrir demain, car c'est leur seul moyen de subsistance. » Amma voulut les voir ausitôt. J'en fus très surpris. Elle n'avait pas encore reçu la riche et généreuse personne qui l'attendait, mais elle s'empressait d'accueillir cette famille pauvre ! Amma passa près d'une demi-heure avec eux, à discuter, à les consoler et à leur donner du *prasad*.

Je ne pus réfréner ma curiosité et j'interrogeai Amma : « Amma, explique moi pourquoi tu agis ainsi. Ces gens pauvres que tu viens de recevoir ne seront d'aucune utilité à l'ashram, alors que la dame riche pourrait nous aider de mille manières. »

Amma répliqua d'un ton très sérieux qu'elle ne travaillait pas dans l'attente d'une aide quelconque, mais qu'elle était toujours prête à aider ceux qui sont dans le besoin. « Ces pauvres gens viennent toutes les semaines à l'ashram. Leur échoppe est toute petite et ils ont du mal à joindre les deux bouts. Ils acceptent leur situation sans se plaindre. Tout ce qu'ils ont pour vivre provient de la vente du thé et des beignets salés de leur boutique. Ils n'ont que l'argent gagné la veille pour acheter la nourriture de la journée. Les parents jeûnent une fois par semaine pour économiser l'argent nécessaire pour venir voir Amma. La semaine dernière, il leur restait quelques roupies et ils en ont fait don à l'ashram. »

La femme aisée avait donné une importante somme d'argent,

mais Amma ne lui a pas porté une attention particulière. Comparée à son offrande, celle de la famille pauvre n'était rien. Mais en prenant les revenus respectifs en considération, leur don n'avait pas de prix.

Il faut préciser qu'Amma a appelé un peu plus tard cette dame riche et qu'elle lui a consacré un moment.

Chapitre 13

Le renoncement

Le cadeau préféré d'Amma

Lors de l'anniversaire d'Amma, il y a quelques années, un groupe d'étudiants lui donna un cadeau joliment enveloppé. Amma le prit en souriant et les remercia d'un « Om Namah Shivaya. »

Puis elle leur dit la chose suivante : « C'est un beau cadeau, mais vous pouvez m'offrir encore mieux. » Elle savait que ces jeunes fumaient des cigarettes et elle ajouta : « Mes enfants, il y a énormément de gens qui souffrent sur terre. Beaucoup d'entre eux n'ont pas les moyens de s'acheter un seul comprimé d'aspirine, et encore moins de se soigner. Si vous arrêtiez de fumer et que vous économisiez l'argent des cigarettes, vous pourriez aider au moins quelques-uns de ces malheureux chaque année. Que vous apporte cette habitude de fumer sinon la ruine de votre santé et l'esclavage d'une dépendance ? Vous payez pour être malades, fragilisés, et en prime, pour connaître une mort prématurée. De nos jours, un avertissement est même imprimé au dos des paquets : « Fumer est dangereux pour la santé et peut causer le cancer. » Pourtant, beaucoup de fumeurs n'arrivent pas à s'arrêter. Pour certains d'ailleurs, fumer est une marque de standing. Ce qui donne un standing véritable et durable, c'est l'expansion du mental, et non une dépendance nocive.

Si vous arriviez à vous passer de cigarettes et à consacrer l'argent ainsi économisé aux pauvres, pour Amma, ce serait le plus beau des cadeaux. »

Les jeunes gens restèrent songeurs un moment. Ils connaissaient bien la puissance de l'accoutumance au tabac et la difficulté de s'en libérer. Ce qui les fit répondre : « Nous allons essayer, mais nous avons besoin de ta bénédiction et de ta Grâce. »

Amma leur proposa alors la formule suivante : « Si cela vous est trop dur d'arrêter, apportez-moi tous vos mégots de cigarettes. L'idée d'offrir à Amma le mégot de la cigarette que vous allez fumer vous aidera grandement à ne pas la fumer. » Ils quittèrent Amma sur ces paroles.

L'année suivante, le soir de l'anniversaire d'Amma, ils sont revenus avec deux cadeaux entourés d'un beau papier aux couleurs vives. Ils ont insisté pour qu'Amma les ouvre sur place. Elle ouvrit le premier sous leur regard triomphant : « C'est le plus beau cadeau que vous puissiez faire à Amma ! » s'exclama-t-elle en riant de bon cœur. Tout le monde se pencha sur la boîte pour en apercevoir le contenu qui plaisait tant à Amma. La boîte était vide ! Pas l'ombre d'un mégot. Ce qui veut dire qu'aucun d'entre eux n'avait fumé une seule cigarette de toute l'année écoulée, depuis qu'ils avaient promis à Amma d'essayer de cesser. La deuxième boîte était pleine de vêtements, de cahiers, de stylos, de crayons destinés aux enfants de l'orphelinat. Ces adolescents avaient réussi à tenir leur promesse.

Nous pouvons, nous aussi, essayer d'offrir à Amma des cadeaux semblables, faits de renoncements et de sacrifices.

Elle ne veut pas que nous lui donnions des objets matériels. Elle désire que nous venions en aide, au moins un peu, aux pauvres et aux malheureux qui souffrent, en abandonnant certaines de nos dépendances et de nos habitudes superflues. L'emblème de l'ashram porte la devise suivante : « *tyagenaike amritatwamanasuh* », ce qui signifie « Il est impossible de réaliser la Vérité sans renoncement. » Cette phrase fait partie d'un hymne des Upanishads qui déclare : « On n'atteint l'immortalité ni par l'action, ni par la descendance, ni par la fortune, mais par le renoncement. »

Le véritable esprit de renoncement

Le mot renoncement évoque immédiatement le fait d'aban-donner famille, biens, maison et tout ce que nous possédons, pour passer la vie à méditer. Ce point de vue est erroné. Il s'agit de renoncer à l'attachement que nous portons aux objets. En sanscrit, on appelle cet attachement *mamakara*, qui signifie « le sentiment d'appropria-tion. » C'est le jumeau d'*ahamkara*, l'ego. Pour la philosophie du Vedanta, la libération ou *moksha* consiste à briser les limitations engendrées par l'ego, par le sens du moi et du mien.

Quand je considère ce bout de terrain comme étant le mien, cela revient à dire que je ne suis pas relié au reste de la terre. J'impose ainsi une limitation à mon Soi véritable qui est infini. De même, quand je crois être ce corps, ce mental, cet intellect, je ne m'autorise qu'une minuscule identité et j'oublie que je suis la Conscience omniprésente. Tant que l'ego est présent, il est impossible d'acquérir un sentiment d'universalité immédiat dans chaque domaine de la vie. Ce que nous pouvons faire, sans courir de risques, pour atteindre la libération, c'est lier notre vie à celle d'un Maître qui a réalisé l'unité avec le Soi. Comme une barque attachée à un bateau traverse l'océan sans effort, nous gagnerons l'autre rive de l'océan de la vie et de la mort, dans le sillage du Maître.

Nous venons au monde seul, et personne ne nous accompagne quand nous le quittons. Etant donné que nous n'avons pas choisi consciemment notre corps, ni notre lieu de naissance, ni nos parents, nous devrions aussi accepter l'idée que tout ce à quoi nous tenons, nos proches, nos amis, nos succès, sont également des dons du Tout-Puissant. Nous attachons de la valeur à ces cadeaux et nous les apprécions, mais nous souvenons-nous qu'ils viennent de Dieu ?

Quand nous comprenons que notre vie elle-même est un don divin, naît alors dans notre cœur un sentiment de gratitude

envers Dieu et envers la Création, Sa manifestation. La présence
et la vie du Maître nous enseignent cette vérité. Le Maître ne fait
qu'un avec Dieu, nous pouvons donc l'utiliser pour développer
notre amour et notre dévouement pour Dieu. Si en toutes circonstances, nous accueillons ce qui nous est donné comme un
cadeau d'Amma et si nous considérons tout ce qui nous est enlevé
comme une offrande à ses pieds, nous gagnerons en équanimité
et nous ferons l'expérience du renoncement véritable.

Renoncer n'est pas synonyme de tout abandonner, y compris
l'amour que nous portons à nos enfants et conjoints, pour mener
une vie monastique. Nous pouvons mener une vie de famille tout
en ayant un esprit de détachement. Cela consiste à agir avec le sentiment d'accomplir son devoir et à se rappeler que tout disparaîtra
au moment de la mort. Telle est l'attitude juste du renoncement.

Le roi Janaka, monarque célèbre de l'Inde ancienne, était
un *jnani* authentique, c'est-à-dire qu'il avait réalisé la Vérité. Son
Gourou s'appelait Yagnayavalkya. Bien qu'il fût roi, il assistait
aux cours de son Maître sur les Ecritures en compagnie de tous
les autres disciples. Le Gourou aimait beaucoup Janaka car il
appréciait la profondeur de sa spiritualité et il lui accordait certains
privilèges : il attendait l'arrivée du roi pour commencer son cours,
alors qu'il n'attendait jamais les autres quand ils étaient en retard.
Et quand Janaka arrivait le premier, en avance, il démarrait immédiatement la leçon, même si les autres étaient absents. Ceux-ci ne
comprenaient pas l'attitude du Maître et étaient jaloux du roi.
Ils croyaient que leur Gourou faisait preuve de partialité envers
Janaka à cause de son statut de riche souverain et ils trouvaient
ce comportement incorrect. Les commérages eurent vite fait de
répandre cette idée parmi les élèves et l'ambiance était agitée.

Comprenant leur point de vue, Yagnayavalkya voulut leur
montrer que leur conclusion hâtive était une erreur. Il utilisa son
immense pouvoir spirituel pour créer une illusion d'incendie. Au

milieu d'un enseignement, un messager de la Cour du roi arriva. Il reçut la permission du Maître de délivrer un courrier urgent à Janaka et il lui tendit un papier tout en lui murmurant quelque chose à l'oreille. Les autres disciples assistaient à la scène et celui qui était assis à côté du roi jeta un coup d'œil au message. Le Gourou suspendit le cours un moment et ferma les yeux. Quand il les ouvrit de nouveau, il se retrouvait seul avec Janaka. Tous les autres avaient pris la fuite. Il reprit ses explications avec Janaka pour seul élève, calme et serein.

Quand les disciples revinrent un peu plus tard, le cours était terminé. Ils se mirent en colère contre le Maître : « Pourquoi as-tu déjà fini ? Personne n'était là. Tu aurais du attendre notre retour. »

Yagnayavalkya répliqua : « Janaka était là. »

Cette réponse renforça leur colère : « Ne sais-tu pas ce qui est arrivé ?

– Non, quoi donc ? demanda-t-il innocemment.

– Le palais a pris feu.

– Et alors ? Vous n'y habitez pas. Qu'est-ce que cela peut vous faire ?

– Nous avions étendu nos pagnes près du mur d'enceinte du palais. Ils auraient pu brûler. Grâce à Dieu, nous sommes arrivés à temps ! »

Le Gourou se tourna alors vers le roi et l'interrogea : « Ne savais-tu pas qu'un incendie s'était déclaré au palais ? Pourquoi es-tu resté assis tranquillement ? N'était-ce pas ton devoir de le sauver ? » Janaka répondit, d'un ton empreint d'une grande humilité : « Maître, la vie est aléatoire. Même la prochaine inspiration est incertaine. Nous devons réaliser l'immortalité du Soi, accomplir notre salut et celui de toute l'humanité, avant que la mort n'emporte le corps. Cette réalisation peut se produire à tout moment aux pieds d'un grand Maître comme toi. Il faudrait être fou pour gâcher une précieuse occasion d'écouter les leçons de son Gourou et préférer sauvegarder des biens qui, de toutes façons, sont périssables. »

Pour leur faire comprendre la grandeur de Janaka, Yagnaya-valkya expliqua aux disciples : « Janaka est le roi du pays. Le palais est son foyer. Pourtant, bien qu'il ait été informé de l'incendie, il n'a pas bougé d'ici. Il n'a aucun attachement pour les richesses qui l'entourent. Vous, vous possédez très peu de choses, des pagnes, mais vous y êtes très attachés. Si vous aviez à choisir entre ces bouts de tissu et la réalisation, vous sacrifieriez la réalisation du Soi. On a beau être sannyasin, on peut néanmoins éprouver de l'attachement pour des objets aussi simples qu'un bol de mendiant, une paire de sandales ou un bâton de pèlerin. En revanche, certaines personnes ayant plusieurs enfants à élever, beaucoup de responsabilités, restent complètement détachées. Leur attitude est juste, leur renoncement est réel. »

Les nombreuses occasions de pratiquer le renoncement

Pourquoi ne pas réduire la durée de notre sommeil d'une demi-heure, par exemple ? Si nous dormons huit heures par nuit, nous pouvons nous contenter dorénavant de sept heures et demie. C'est un renoncement. Si nous prenons quatre repas par jour, ne manger que trois fois, sans augmenter la quantité de nourriture à chaque repas, est une autre forme de renoncement. Le mental ne veut pas de discipline. Un mental indiscipliné est généralement agité, sinon nous connaîtrions la même paix et la même joie qu'Amma. Chaque fois que nous essayons de nous imposer une discipline, cela déclenche un combat intérieur, mais il ne faut pas céder devant cette résistance. Si nous sommes capables de discipliner le mental, nous pourrons réaliser Dieu. Beaucoup d'entre nous ne veulent pas consacrer de longues heures à la méditation, ni à la pratique du yoga. Cependant, si, par discipline, nous persévérons dans ces activités spirituelles, nous pratiquons le renoncement indirectement. Quand, malgré une forte envie de nous lever au bout d'une demi-heure de méditation, nous sommes déterminés à rester assis pendant 45 minutes, nous avons une attitude de renoncement (nous renonçons à notre puissant désir de nous lever au bout de trente minutes). Il y a ainsi une quantité de situations de la vie quotidienne qui nous donnent l'occasion de nous exercer au renoncement. De nombreuses personnes envisagent de s'orienter vers la spiritualité une fois qu'elles auront gagné suffisamment d'argent, atteint le statut socio-professionnel désiré et épuisé tous les plaisirs sensuels imaginables. A ce moment-là seulement, elles s'intéresseront volontiers au renoncement. Ce moment-là n'arrivera jamais. Même si nous décidons de nous mettre à la méditation et à la prière dans nos vieux jours, le corps et le mental ne nous obéiront pas. Contrôler le mental, diminuer le nombre des pensées, rester immobile pendant longtemps sont des défis trop difficiles pour une personne âgée. Il est toujours préférable de s'adonner à la quête spirituelle dans la jeunesse. Le plus tôt est le mieux.

Renoncements familiers

Le renoncement ne nous est pas inconnu. Nous le pratiquons même fréquemment dans la vie de tous les jours, mais en général, pour servir notre intérêt personnel. Voici un exemple donné par Amma : Beaucoup de gens prétendent n'avoir pas le temps d'assister aux *satsangs*, ni de se rendre au temple ou à l'église pour le culte. Mais qu'un de leurs enfants soit hospitalisé et ils passeront des heures à son chevet. Ils vont endurer les difficultés de la situation, l'inconfort de l'hôpital sans une plainte. Ce genre de renoncement ne profite qu'à leur famille.

Amma nous donne encore d'autres exemples de renoncement auquel nous sommes disposés à consentir. En Inde, quand il y a une projection de film populaire, la foule de spectateurs qui font la queue au guichet est immense. Ils sont prêts à supporter l'ardeur du soleil pendant des heures. La situation est identique à l'entrée du terrain de base-ball. Les supporters sont tellement avides d'avoir un ticket pour assister au match, que la cohue les indiffère. Ces différents types de renoncement n'ont pas de valeur durable.

A présent, voyons l'attitude qui consiste à abandonner les objets dont nous ne voulons plus, comme l'enfant qui renonce à ses billes quand elles ne l'amusent plus. Voici l'histoire de deux frères. L'aîné a huit ans et le cadet cinq ans. Le plus grand s'empare des billes du petit et refuse de les lui rendre malgré ses pleurs. Ils se disputent tous les jours à propos de ces billes et le conflit dure assez longtemps.

Un jour, le frère aîné ramasse toutes les billes éparpillées dans son tiroir et les donne au plus jeune. Celui-ci n'en croit pas ses yeux. Il pense que son frère est fou. Pourquoi, sinon, lui donnerait-il ces précieuses billes ? Est-il possible qu'il soit devenu généreux du jour au lendemain ? L'explication de ce changement d'attitude est simple : Leur père a offert une bicyclette à l'aîné, un jouet bien plus attrayant, il ne s'intéresse plus aux billes.

Nous sommes peu attirés en général par le renoncement qui profite à autrui, par celui qui consiste à pratiquer la méditation ou une autre activité spirituelle, et encore moins par l'abandon d'un attachement quelconque. Mais quand nous allons voir Amma, nous renonçons à beaucoup de choses pour un noble but. En effet, lors de ses programmes dans le monde entier, certaines personnes qui, en temps ordinaire, ne sacrifient ni leur sommeil, ni la régularité de leur repas, ni leur confort, acceptent d'attendre des heures pour recevoir son amour divin. Quand nous sommes en présence d'Amma, tous les attachements et les soucis insignifiants ont tendance à tomber. Malheureusement, ils reviennent dès que nous nous éloignons d'elle.

Renoncer exige la détermination de changer de direction ou

d'axe, de passer d'une vie matérielle à une vie spirituelle. Nous devons être conscients du but et fermement décidés à l'atteindre.

La grandeur du vrai sacrifice

Notre renoncement ne s'évalue pas à la somme d'argent que nous donnons aux pauvres, ni à la valeur des objets dont nous nous défaisons, mais à notre attitude intérieure dans un contexte précis. Il y a une histoire intéressante dans le *Mahabharata*, qui illustre la nature du renoncement. Après la grande guerre, les Pandavas accomplissent un somptueux rituel, au cours duquel ils distribuent des vaches, des ornements en or, de l'argent et d'autres objets de valeur au peuple. Les festivités durent plusieurs jours et l'importance des offrandes fait l'admiration de tous. On chante les louanges du plus grand sacrifice jamais vu. Bien que les Pandavas soient vertueux, ils ont tendance à s'enorgueillir de leur propre générosité.

Un jour, pendant ces événements, une mangouste arrive à l'endroit où se tiennent les cérémonies. C'est un animal étrange, car une moitié de son corps est dorée et l'autre est brune, couleur du pelage d'une mangouste ordinaire. Les Pandavas sont intrigués par l'aspect curieux de la bête.

A leur grande surprise, la mangouste se met à parler d'une voix humaine et déclare : « Les mérites que vous avez acquis par toutes vos offrandes ne représentent même pas le centième de ceux qu'a obtenus une pauvre famille de brahmanes qui n'a sacrifié qu'une bouchée de nourriture. » Les Pandavas veulent en savoir davantage et lui demandent pourquoi son pelage est à moitié doré. La mangouste répond : « Il y a quelques années, une famille de brahmanes vivait dans ce pays alors frappé par la famine et la sécheresse. Il n'avait pas plu depuis très longtemps et les cultures se desséchaient. Les réserves de nourriture diminuaient et le peuple commençait à mourir de faim. Tous les jours, la famine faisait de nouvelles victimes. Cette famille avait réussi à épargner une petite quantité de farine de blé. Celle-ci étant presqu'épuisée, ils avaient décidé de jeûner jusqu'au jour où ils se sentiraient sur le point de mourir et alors de faire cuire un chapatti qui leur permettrait de vivre quelques jours de plus.

« Ils ont donc jeûné pendant longtemps. Un jour, ils sentent qu'ils vont mourir s'ils ne s'alimentent pas. La famille se compose de quatre personnes : le mari et sa femme, le fils et la belle-fille. Ils décident de cuire un ultime chapatti avec le reste de la farine et de le partager en quatre. Au moment de l'avaler, ils aperçoivent un mendiant debout devant leur maison. Celui-ci leur dit : « Je n'ai rien mangé depuis longtemps, si vous ne me donnez pas de nourriture, je vais mourir ici, devant chez vous. » Il éveille la pitié du mari qui répond : « Je veux bien te donner ma part, même si je dois en mourir. Cela m'est égal, au moins, tu resteras en vie. » Il tend au mendiant une portion de chappati et l'homme l'engloutit d'une seule bouchée.

« Quand on est affamé, une toute petite quantité de nourriture exacerbe la faim. Le mendiant ressent cette aggravation et réclame davantage. C'est au tour de l'épouse, maintenant, de se sacrifier : « Je dois suivre mon mari, alors prends ma part. » Il la mange, sans pourtant que sa faim soit apaisée. Le fils suit l'exemple de ses parents et abandonne sa part au mendiant qui n'en a pas encore assez. La belle-fille décide alors : « Tout le monde a renoncé à sa part. Pourquoi mangerais-je ? Prends aussi la mienne. » Ainsi, le mendiant termine le chapatti et s'en va.

« Les membres de la famille ne tardent pas à mourir de faim. Après leur mort, je vais chez eux en quête de proie. J'y trouve de la farine éparpillée sur le sol. Je me roule dedans et la farine adhère sur une moitié de mon corps. A cause de la noblesse de leur sacrifice, la farine s'est transformée en or. Depuis ce jour, je me rends en tout lieu où de bonnes âmes font la charité, mais je n'ai pas encore trouvé celui où je pourrais dorer la deuxième moitié de mon corps. J'attendais beaucoup de ma visite chez vous, dans ce lieu saint, où les offrandes sont si somptueuses. Hélas, mes espoirs sont déçus. »

La famille brahmane n'a pas offert une grosse somme d'argent. Chacun de ses membres n'a donné qu'un petit morceau de chapatti. Mais compte tenu des circonstances, ce don représente le plus grand sacrifice qui soit. Le plus grand des sacrifices consiste à renoncer à ce qui nous est le plus cher, ce à quoi nous sommes le plus attachés, quels que soient notre statut, nos antécédents, notre métier.

Chapitre 14

La Grâce de Dieu

L'effort approprié amène la Grâce

La plupart des gens se sont fixé des buts et nourrissent des ambitions, mais cela ne suffit pas, il faut, pour les accomplir, suivre un programme concret. Pour arriver à leurs fins, ils doivent tenir compte d'éléments essentiels. Voici ce qu'en dit Amma : « Quel que soit notre objectif, trois choses sont requises pour le réaliser : un effort adéquat fourni au bon moment accompagné de la Grâce de Dieu. »

En l'absence de la Grâce de Dieu, l'effort seul ne peut produire un quelconque résultat positif. Entre l'accomplissement de l'effort et son fruit, interviennent de nombreux facteurs, qui ne sont pas tous sous notre contrôle. Pour obtenir l'effet escompté, il faut que ces facteurs jouent en notre faveur. Comme beaucoup d'entre eux échappent à notre maîtrise, seule la Grâce de Dieu peut les rendre favorables et donner à notre effort la conséquence attendue.

La Grâce ne se reçoit pas sur commande. Amma insiste sur le fait qu'elle se gagne au prix d'efforts sincères et patients.

Le rôle des Mahatmas et des *satgurus* est essentiel dans ce domaine. La Grâce qu'ils nous accordent n'est pas différente de celle de Dieu. Ils sont l'incarnation de l'amour inconditionnel et de la compassion. Leur seul but est de nous aider à émerger de nos problèmes, de nous libérer de l'asservissement au monde matériel et de nous conduire à Dieu, à la Vérité.

Amma compare l'incarnation de l'un de ces Mahatmas à une période de soldes. A certains moments de l'année, Noël, Dipawali, ou le Ramadan, on trouve des vêtements, des meubles ou d'autres biens de consommation à prix réduit. Quand nous faisons nos achats pendant la saison des soldes, nous payons moins cher qu'à un autre moment. De même, la présence sur terre d'un Mahatma est une période de soldes pour la Grâce divine. Sa Grâce nous permet d'arriver au résultat désiré à moindre effort. Elle nous aide en outre à surmonter les difficultés.

La spiritualité ne se limite pas à la pratique de la méditation, elle inclut aussi la manière de se comporter avec autrui, de parler aux autres, etc. Si nous nous contentons de prier Dieu de nous accorder sa Grâce, les efforts nécessaires, nous n'obtiendrons rien du tout.

Amma raconte une histoire très drôle au sujet de l'absence d'effort. Il s'agit d'un homme sans ressources qui prie Dieu tous les jours. Un jour, jaillit en lui l'idée de s'enrichir. Il se dit : « Avec la bénédiction de Dieu, je peux devenir riche en un rien de temps. Pourquoi ne pas le Lui demander dans mes prières ? » A partir de ce jour, il supplie Dieu quotidiennement : « Seigneur, s'il te plaît, fais de moi un homme riche. » Quelques jours plus tard, sa situation financière est toujours la même et il se dit : « Peut-être devrais-je préciser dans mes prières par quel moyen je veux obtenir de l'argent ? » Or, dans la ville où il habite, il y a une loterie chaque mois. Il prie alors ainsi : « Mon Dieu, donne-moi ta Grâce, fais que je gagne le gros lot à la loterie. » Le tirage a lieu. Il ne gagne ni le premier prix, ni même le dernier. Il est cruellement déçu, mais il pense au prochain tirage : « Je serai sûrement exaucé le mois prochain. »

Lors de la loterie suivante, il ne remporte rien du tout. Cela commence à le contrarier, mais il continue de prier fidèlement. Plusieurs mois s'écoulent et il ne gagne toujours rien.Un jour sa colère éclate et il hurle en s'adressant à Dieu : « Seigneur, pourquoi ne m'entends-Tu pas ? Ne pourrais-tu pas exaucer cette simple prière ? »

Soudain, la voix de Dieu résonne : « Mon fils, je connais ton problème et j'ai entendu tes prières. Je suis impatient de t'aider ! »

Cette réponse exacerbe la fureur du dévot : « Pourquoi tardes-Tu tellement alors ? Pourquoi ne me fais-Tu pas gagner le gros lot ? »

« Je suis désireux de t'aider, mon enfant, mais que puis-je faire tant que tu n'achètes pas un billet de loterie ? » réplique Dieu.

De même, si nous nous contentons de réclamer la Grâce de Dieu dans notre prière, nous ne l'obtiendrons pas. Nous prions toujours pour l'obtenir, mais nous ne fournissons pas toujours l'effort nécessaire pour la mériter. Sans la Grâce de Dieu, nos efforts ne peuvent porter de fruits et sans nos efforts, la Grâce de Dieu ne parvient pas jusqu'à nous.

La Grâce divine ou celle du Maître peut alléger notre *karma* négatif. Quelques uns d'entre nous ont un jour accompagné Amma à Kottayam, une ville située à quelque distance de l'ashram, où elle allait animer un programme spirituel et donner le *darshan*. Sur le chemin du retour, nous nous sommes arrêtés dans un petit village pour rendre visite à des dévots qui nous avaient invités. Amma fit une *puja* chez eux et bavarda ensuite avec les membres de la famille. Ils étaient fous de joie de recevoir Amma. Puis soudain, Amma se recueillit, le silence se fit, et sans un mot d'explication, elle se leva et sortit par la porte de derrière. Il était déjà trois ou quatre heures du matin et il faisait nuit noire. Le maître de maison chercha en hâte une lampe de poche et se précipita sur ses pas. Le temps de sortir, elle était déjà dans la cour au milieu des manguiers. Comme il ne voulait pas la déranger, il la suivit à petite distance en éclairant ses pieds avec la torche.

Amma fut de retour dans la maison au bout d'une dizaine de minutes. Tout le monde s'aperçut que l'un de ses orteils saignait. Elle avait dû se couper en marchant dans le noir. Toute la famille en émoi a fait son possible pour nettoyer la blessure et panser la plaie comme il fallait. Puis nous sommes rentrés à l'ashram.

Quelques mois plus tard, les membres de cette famille sont venus à l'ashram voir Amma. Ils lui ont raconté que leur village avait été attaqué par une bande de malfaiteurs qui étaient passés de maison en maison, dévalisant, battant sérieusement et même tuant ceux qui avaient tenté de résister. Leur maison avait été pillée, mais personne de la famille n'avait été blessé. Ils attribuaient ce privilège à la Grâce d'Amma et ils venaient lui exprimer leur gratitude. J'ai entendu le commentaire que fit Amma au sujet de leur mésaventure : « J'ai déjà versé du sang dans votre maison, c'est pour cela que personne n'a été blessé. » Elle ne donna pas d'autre explication, mais je compris qu'elle avait su que du sang devait couler dans cette maison. En se blessant au pied et en versant du sang dans leur maison, elle avait protégé la famille du mal qui leur était karmiquement destiné.

De l'égoïsme à l'altruisme

L'un des bienfaits extraordinaires de la fréquentation des Mahatmas, c'est la Grâce qu'ils répandent sur nous, sans exiger aucune qualification préalable de notre part. Ils nous aident à atteindre notre but au prix d'efforts moindres que ceux que nous aurions dû normalement fournir.

Amma donne l'exemple d'un voilier. Par vent favorable, il suffit de hisser les voiles et de prendre le vent pour avoir une navigation rapide et aisée. Il n'y a pas besoin de ramer de toutes ses forces pour faire avancer le bateau, c'est le vent qui le pousse. De même, un Mahatma vivant parmi nous comme Amma, souffle en permanence la brise de la Grâce et de la compassion ; il suffit d'ouvrir notre cœur (hisser les voiles) pour les recevoir.

Amma nous dit que nous obtenons cette Grâce en nous montrant aimables et attentionnés et en servant autrui de manière désintéressée. Si un comportement égocentrique empêche le flot de grâce de couler jusqu'à nous, une conduite altruiste, elle, lui ouvre grand les portes.

Pour réaliser nos objectifs matériels, avoir un bon travail, gagner de l'argent, atteindre un statut social élevé, nous faisons, bien sûr, le maximum d'efforts, mais ceux-ci sont par nature égoïstes. Nous ne faisons pratiquement jamais rien de manière désintéressée, et pourtant, nous puisons sans cesse dans la nature et dans la société. L'harmonie entre les humains, les animaux, les plantes et les forces naturelles est rompue du fait de notre égoïsme, qui se trouve être la seule fausse note dans la grande symphonie de la vie sur terre.

Ceux qui se servent continuellement dans le monde mènent le mode de vie le plus égoïste qui soit. Dans la *Bhagavad Gita*, Krishna les traite de voleurs. Notre égoïsme nuit à la nature et à tous, y compris à nous-mêmes. Être égoïste équivaut à ingérer de la nourriture sans vouloir l'excréter. L'abondance de richesse peut diminuer la vie autant que la pauvreté extrême.

Il faudrait apporter de l'aide, au moins un peu, aux autres et à la nature. Nous nous soucions rarement de faire des efforts dans ce sens, nous contentant de penser que « Dieu s'en occupera. » Nous ne voulons rien donner de nous-mêmes. Tant que nous persistons dans cette attitude, nous bloquons le flot de la Grâce de Dieu, qui ne peut nous parvenir.

Amma conseille à ceux qui sont occupés vingt-quatre heures sur vingt-quatre à servir leur intérêt personnel, d'essayer de consacrer au moins un peu de temps à prier pour la paix et le bonheur de tous les humains. Il est bénéfique de saisir toutes les occasions d'offrir notre aide à autrui, que ce soit physiquement, financièrement, grâce à l'une de nos compétences ou à tout autre moyen.

Amma parle souvent de l'effort et de la Grâce. L'élément le plus important pour obtenir le résultat attendu de nos efforts est la

Grâce. Amma donne l'exemple de deux candidats qui se présentent à un entretien d'embauche alors qu'un seul poste est vacant. Ils ont tous deux les mêmes qualifications et répondent aux questions avec la même pertinence. Quel candidat sera retenu ? Un seul sera choisi, celui qui aura su gagner la sympathie du recruteur. Et qu'est-ce qui est capable de faire naître ce genre de sentiment dans le cœur d'autrui ? Uniquement la Grâce de Dieu. C'est elle qui permet parfois à des gens qui ne se sont pas bien débrouillés dans l'entretien de décrocher le poste devant d'autres qui, bien qu'ayant mieux répondu, n'ont pas été sélectionnés.

Dans les matchs de cricket, on voit souvent un batteur stresser lorsqu'il est sur le point de marquer une centaine. Dans ce cas, même le plus mauvais des chasseurs peut réussir une prise difficile quand le batteur lui envoie la balle. A d'autres moments, même un bon chasseur va rater une prise élémentaire. Comment expliquer ce phénomène ? Pour Amma, c'est une question de Grâce : celle-ci couronne nos efforts. Nous devons admettre que la Grâce a une importance vitale dans notre vie.

Tout en sachant que nous avons besoin de la Grâce de Dieu, il est également essentiel d'accomplir une action au moment opportun. Imaginons que vous ne supportiez pas de voir votre fils chéri triste ou en pleurs. Quand il atteint l'âge de quatre ou cinq ans, vous devez l'envoyer à l'école maternelle. Comme vous le savez, la plupart des enfants ne veulent pas aller à l'école au début et pleurent pendant quelques jours, avant de s'y habituer. Votre bambin fait partie de ceux-là, et vous êtes bouleversé de le voir pleurer. Ce n'est pas pour autant que vous vous dites : « Je devrais peut-être attendre qu'il ait quinze ans pour qu'il soit en mesure de comprendre la nécessité de faire des études et de ne plus verser de larmes. » Serait-ce une sage décision ? Est-ce que repousser sa scolarisation aiderait votre enfant ? Personne n'attend qu'un petit soit mûr pour l'envoyer à l'école maternelle. Nous l'y mettons à l'âge de cinq ou six ans, qu'il pleure ou non. Nous savons, par expérience, que la fréquentation d'un établissement scolaire est bénéfique à l'enfant et qu'il doit y aller quand il en a l'âge. De même, dans notre vie d'adulte, il y a un moment opportun pour chacun de nos efforts.

Si nous semons des graines hors saison, pendant la mousson par exemple, il est inutile d'espérer une bonne récolte, car les semis vont être noyés par les fortes pluies. Encore une fois, même si nous accomplissons les efforts au bon moment, ils seront vains si la Grâce de Dieu fait défaut. Nous aurons beau semer à la période idéale, prendre soin des cultures, apporter la bonne dose d'engrais et arroser autant que nécessaire, nos efforts seront néanmoins anéantis si une inondation ou un cyclone surviennent à l'heure de la récolte. Voilà pourquoi la Grâce de Dieu est le facteur prépondérant.

Les Maîtres et les Avatars

Quel est le meilleur moment pour invoquer la Grâce de Dieu ? D'après les Ecritures, c'est lorsqu'on est en présence d'un Maître réalisé. C'est leur compassion débordante qui fait venir les Mahatmas en ce monde dans le seul but de nous aider.

Une histoire illustre la raison qui pousse les *avatars* à s'incarner. Un groupe de gens se rend dans une ville voisine. Le chemin traverse une épaisse forêt. Malheureusement, le voyage est plus long que prévu et ils se trouvent bientôt à court de nourriture. Ils continuent d'avancer encore deux ou trois jours, l'estomac vide, avant d'arriver devant un haut mur d'enceinte. Ils veulent savoir ce qui se trouve de l'autre côté et l'un d'eux l'escalade, aidé d'un compagnon qui lui fait la courte échelle... « Bonté divine ! » s'exclame-t-il en regardant. Il saute de l'autre côté sans plus d'explication. Les autres attendent son retour en vain.

Ils envoient un nouvel éclaireur en reconnaissance, qui lui

aussi s'écrie : « Bonté divine ! » et s'élance de l'autre côté pour ne jamais revenir. Ils sollicitent alors une troisième personne pour monter sur le mur et leur décrire ce qu'il voit derrière. Ils le supplient de ne pas se conduire comme les deux premiers : « Reviens nous dire ce qu'il y a de l'autre côté de ce mur. » Ils lui font la courte échelle. Dès que son regard tombe sur le mystérieux spectacle, il sourit en disant : « C'est incroyable, c'est merveilleux ! Attendez un peu ! » Puis il saute et à l'instar de ceux qui l'ont précédé, il reste sur place, car il se dit : « Pourquoi se presser ? Profitons un moment de tout cela ! »

De l'autre côté du mur, se trouvent de beaux arbres fruitiers, une source d'eau fraîche et une délicieuse nourriture. Les trois hommes sont tellement affamés que chacun d'eux, à son tour, s'est jeté sur la nourriture, se gavant au point de ne plus pouvoir bouger d'un pouce. Il leur est donc impossible de faire le trajet inverse.

Le quatrième explorateur s'engage avant l'escalade à revenir quoiqu'il arrive. Il saute de l'autre côté, goûte les mets puis rejoint ses compagnons. Il leur décrit les merveilles qu'il a vues et les aide à franchir le mur pour qu'ils puissent en profiter à leur tour.

On dit que la béatitude de l'ivresse de Dieu est si puissante que ceux qui en jouissent ne veulent plus revenir en ce monde, comme les trois premiers individus qui sont restés sur place après avoir vu cette abondance de nourriture et s'en être gavés. Une personne comme Amma fait un *sankalpa* : « Je ne m'immergerai pas totalement dans la béatitude. Je reviendrai. D'innombrables êtres humains souffrent dans le monde et d'autres cherchent la Vérité. Je dois les aider. » Donc, lorsqu'ils quittent leur corps, ils prennent la décision de revenir en ce monde pour aider et guider les autres vers cette béatitude. Amma a répété à plusieurs reprises qu'elle prendrait autant de naissances qu'il faudrait pour le bien de ses enfants.

Souvenons-nous d'un point important : nous sommes nés à

cause de notre *karma*, mais Amma, comme les autres *avatars*, est née à cause de son immense compassion.

Le comportement d'Amma avec le lépreux Dattan, mentionné plus haut dans ce livre, explique également la mission des Mahatmas. Dans les premiers temps de l'ashram, Amma, avec une compassion illimitée, léchait les plaies de Dattan après le *darshan* du *Devi Bhava*. Ce geste dépasse tout entendement humain. C'est inimaginable. On dit que la salive des êtres divins a un pouvoir de guérison. Si elle l'avait voulu, Amma aurait pu appliquer avec le doigt sa salive sur les lésions. Eh bien, non, elle a léché ses plaies purulentes. Le spectacle était si impressionnant que personne ne supportait de la regarder faire. Certains, qui ont essayé, se sont évanouis dans le temple et d'autres ont quitté les lieux quand Amma donnait le *darshan* à Dattan. Beaucoup de gens ne voulaient pas recevoir le *darshan* d'Amma après celui de Dattan, par peur de la contagion. Vous pouvez regarder cette scène, vous la trouverez dans la cassette vidéo sur la vie d'Amma. Vous n'avez probablement jamais entendu parler, en réalité ou dans un roman, d'une personne qui lèche les plaies d'un lépreux. En voilà pourtant un exemple vivant.

Quand j'ai demandé à Amma : « Comment peux-tu faire cela ? Cela ne te dégoûte-t-il pas ? », j'ai été stupéfait par sa réponse :

« C'était simplement l'expression spontanée de ma compassion envers lui. » Puis elle m'interrogea à son tour : « Si tu avais une infection à la main, que ferais-tu ? Te couperais-tu la main ?

– Non.

– Pourquoi ?

– Parce que c'est ma main. Comment pourrais-je couper ma propre main ? Je ferais tout mon possible pour la guérir.

– De même que ta main fait partie de toi, ce lépreux fait

partie de moi. Je suis lui, il est moi. En d'autres termes, je suis en lui, il est en moi. »

Voilà pourquoi l'on dit des Mahatmas qu'ils ont une conscience cosmique ou universelle. Quand Amma affirme qu'elle n'est pas différente de Dattan, elle énonce la vérité suprême. On définit une personne divine comme un être capable de voir son propre Soi en chacun et de percevoir chacun dans son propre Soi. Cela explique pourquoi Amma manifeste tant de compassion et d'amour envers tous les êtres vivants.

Un Maître est semblable au printemps

Lorsqu'un Maître comme Amma vit parmi nous et qu'il est si disponible, il est aisé de recevoir sa Grâce en fournissant un minimum d'efforts. Ne dit-elle pas : « Si vous faites dix pas vers moi, je suis prête à en faire cent vers vous. Mais vous devez au moins parcourir ces dix pas ! »

Nous n'apprécions pas la valeur des choses que nous avons obtenues sans effort. C'est du gaspillage, cela revient à donner des pierres précieuses à des enfants. Aux yeux d'Amma, nous sommes tous égaux. Nous recevrons sa Grâce, sans l'ombre d'un doute, si nous sommes sincères dans nos efforts.

Il est dit dans les Ecritures : « *Brahmavid brahmaiva bavathi.* » Cela signifie : « Celui qui a réalisé Brahman devient Brahman. » C'est l'une des plus importantes affirmations des *Upanishads*. Voilà pourquoi on affirme que tout ce que nous recevons d'une personne qui a réalisé Dieu, provient en fait de Dieu.

En revanche, tout ce qui vient de nous n'est que le produit de notre ego, de nos désirs, de nos rejets, etc. Il est impossible de prétendre que cela vient de Dieu. Les Mahatmas sont libres de l'ego, ils ne se considèrent pas comme des individus limités. Ils sont incapables d'un comportement égoïste.

Actuellement, nous n'en sommes pas là. Nous aimons nos

enfants, mais pas forcément ceux du voisin. Nous aimons les membres de notre famille, nos amis, nos compatriotes, mais pas le reste de l'univers avec le même attachement ni la même sincérité.

Les Mahatmas, eux, sont toujours en harmonie avec la Conscience universelle et ils La perçoivent en toute chose. Ce point est mis clairement en évidence par la vie que mène Amma et par son enseignement. Quand on la regarde donner le *darshan*, il est évident qu'elle ne fait aucune différence entre beaux ou laids, riches ou pauvres, indiens ou occidentaux. Quand elle accueille un handicapé ou quelqu'un qui souffre, elle manifeste davantage de compassion et d'amour, mais cela ne veut pas dire qu'elle accorde plus de valeur à ces personnes. Cela signifie qu'elle donne à chacun ce qu'il a besoin de recevoir.

Le grand Adi Shankaracharya a comparé ces Mahatmas au printemps. En hiver, il fait très froid, surtout dans les pays du nord. Le soleil se lève tard, se couche tôt, les nuits sont longues, les arbres semblent morts et les gens préfèrent rester chez eux. Même les oiseaux ne chantent guère. Dans certaines régions, la saison froide dure si longtemps que les habitants dépriment. Après l'hiver vient le printemps et avec lui une nouvelle vie commence. Les plantes poussent et fleurissent, les arbres reprennent leur croissance et s'habillent d'un feuillage tendre, les oiseaux chantent joyeusement. Les jours rallongent, les gens sortent de chez eux et s'activent davantage. Le spectre de la dépression s'éloigne.

Les grands Maîtres sont semblables au printemps, par la joie que nous apportent leur présence, leur Grâce, leur amour et leur compassion inconditionnels. Ceux qui ont passé quelque temps auprès d'Amma peuvent tout à fait en témoigner. On ne s'ennuie jamais avec elle. Ceux qui viennent la voir le cœur plein de chagrin la quittent avec un sentiment de profond soulagement, de contentement et de force. Comme la fraîcheur est la nature de l'eau, la chaleur celle du feu, l'amour inconditionnel et la compassion débordante sont la nature des êtres divins. Ils sont aussi capables d'allumer le feu de la compassion et de l'amour dans le cœur de ceux qui entrent en contact avec eux. Ils font naître l'amour, la joie et la bonne humeur autour d'eux.

Beaucoup de gens ont l'impression de renaître, de commencer une nouvelle vie après avoir rencontré Amma. Ceux qui ont choisi de vivre à ses côtés peuvent vraiment en témoigner. Être en sa présence est une immense bénédiction, un bonheur extraordinaire et une chance rare. Même si nous ne possédons pas toutes les qualités d'un bon chercheur spirituel, par la Grâce d'Amma, nous recevons plus que nous ne méritons.

Si Amma exigeait de nous certaines qualifications avant de nous donner sa bénédiction, peu y auraient droit. Exclure certaines personnes de son amour ou en écarter les méchants et les impurs, dit-elle, serait aussi absurde que d'afficher à la porte d'un hôpital tout neuf l'avertissement suivant : « Interdit aux malades. »

Beaucoup d'entre nous ont fait à maintes reprises l'expérience de la grandeur d'Amma. Pourtant, nous avons tendance à la juger et à l'apprécier d'après les critères de notre intelligence limitée. Comme Amma possède un corps humain semblable au nôtre, nous avons tendance à la prendre pour une personne ordinaire. Nous avons beau lire les merveilleuses histoires qui se rapportent à elle, nous ne pouvons pas comprendre qui elle est vraiment.

Amma dit des Mahatmas qu'ils sont comme d'immenses icebergs. Seul leur sommet émerge de la surface de l'eau. En le voyant, nous croyons évaluer justement l'ampleur de l'iceberg. Mais en fait, nous n'avons vu qu'une infime fraction de l'énorme masse qui, en grande partie, est sous l'eau. De la même façon, nous ne percevons qu'une portion infinitésimale de la grandeur d'Amma. Le reste nous est caché.

Sur ce thème, Amma raconte l'histoire de la souris et de l'éléphant. Une souris, qui habite dans la forêt, se met un jour à courir frénétiquement dans tous les sens à la recherche de quelque chose. Sa course la conduit à un étang où se baigne un énorme éléphant. Dès qu'elle l'aperçoit, la souris s'écrie : « Hé l'éléphant ! Sors de l'eau ! » Au début l'éléphant ne prête aucune attention à la souris. Après tout, un éléphant est tellement gros et une souris tellement minuscule ! L'éléphant fait donc comme s'il ne l'entendait pas, mais la souris est tenace. Elle continue : « Hé l'éléphant ! Sors de l'eau ! » A contre-cœur, il finit par sortir. Il n'a pas fait un pas hors de l'eau, que déjà la souris lui dit : « C'est bon, tu peux y retourner. »

L'éléphant est très contrarié. D'un ton agressif, il interroge la souris : « Alors, pourquoi m'as-tu fait sortir de l'eau ? »

La souris répond : « J'ai perdu mon maillot de bain. Je voulais savoir si c'était toi qui me l'avais pris. »

Cette histoire veut nous faire comprendre que nous ne pouvons pas plus appréhender Amma avec notre intelligence humaine limitée que l'éléphant ne peut entrer dans le maillot de bain d'une souris. Nous n'aurons jamais la capacité intellectuelle nécessaire pour concevoir sa grandeur et pour savoir qui elle est. Ne sous-estimons pas Amma sous prétexte qu'elle a un corps humain et qu'elle est tellement humble. Elle ne se limite pas à son apparence physique.

Il y a quelques années, un groupe de dévots de Madras s'était rendu à l'ashram. J'ai parlé d'Amma avec eux. Ils étaient nombreux à se demander comment faisait Amma pour donner le *darshan* à autant de personnes chaque jour. Je leur expliquai que, bien qu'elle possédât un corps comme nous, elle était, en fait, au-delà de ce corps. J'ajoutai qu'Amma utilisait un corps humain pour pouvoir établir une relation avec nous. L'un des visiteurs n'était pas convaincu par mes dires. Il était même en total désaccord sur ce point. Quand ce dévot eut l'occasion de s'adresser à Amma, il lui demanda : « Est-ce vrai que les Mahatmas sont au-delà du corps ? » Amma aquiesça en souriant, mais il ne sembla pas davantage convaincu.

Un peu plus tard, cet homme était assis avec les autres membres de son groupe et des ashramites qui parlaient avec Amma. Il s'écria soudain : « Où est passée Amma ? Que lui est-il arrivé ? »

Amma était toujours assise en face de nous, nous étions donc très surpris de ses paroles. Nous le croyions devenu subitement fou et nous lui demandâmes : « Qu'est-ce qui se passe ? Qu'est-ce que tu racontes ? »

Il resta muet pendant un long moment. Puis il réussit à nous expliquer, empli d'émerveillement autant que de stupéfaction, que le corps d'Amma avait brusquement disparu de sa vue pour être remplacé par une lumière brillante. Cette lumière était devenue de plus en plus vive au point de l'aveugler. Finalement elle s'est évanouie et la forme d'Amma a réapparu. Cette expérience a convaincu le sceptique qui doutait qu'Amma soit au-delà du corps.

Le moment est venu de faire des efforts, de prier et de travailler pour obtenir la Grâce d'Amma. Nous devons nous mettre à la pratique spirituelle dès maintenant, nous n'avons pas de temps à perdre. Chaque seconde qui passe ne reviendra plus jamais. Aucune fortune, aucun exploit ne nous la fera revivre.

On m'a raconté une histoire qui illustre l'importance de ne jamais remettre ses efforts à plus tard. C'est celle de Karna, un roi à la charité légendaire. Il est tellement généreux qu'il est incapable de dire non à ceux qui le sollicitent.Une nuit, un vieil homme se présente au palais pour demander quelque chose. Comme Karna est en train de manger, les gardes l'empêchent d'entrer. Mais le vieil homme s'entête et refuse de partir sans avoir vu le roi. Il prétend le connaître très bien et affirme qu'il l'aidera sans aucun doute. Comme il leur est impossible de se débarrasser de lui, les gardes rendent compte de la situation à Karna.

Celui-ci donne l'ordre qu'on lui amène immédiatement le vieil homme et d'apporter la somme qu'il désire. Un garde arrive avec des bijoux de valeur, le roi, qui est en train de manger de la main droite, les saisit de la main gauche et les tend au vieil homme. Certains de ses ministres, invités à la table royale, s'étonnent de sa façon de faire. Un des plus anciens lui dit alors : « Votre majesté, que faites-vous ? Vous devez utiliser votre main droite pour faire la charité. De plus, cet homme est un brahmane. »

La coutume indienne veut que l'on n'utilise pas la main gauche pour faire les bonnes choses. La règle consiste à ne se servir que de la main droite, même pour les gauchers, surtout pour les offrandes à Dieu et les dons charitables spécialement envers les brahmanes. Karna répond à son ministre : « Vous savez, le mental est rusé. Je ne sais pas à quoi je penserai la seconde suivante. En ce moment, mon sentiment est que je dois l'aider. Si j'attends une minute, le temps de me laver les mains, mon mental pourra en profiter pour me jouer un tour et me suggérer : « Pourquoi devrais-je offrir à manger à cet homme, ou lui venir en aide à cette heure incongrue ? Il n'a qu'à patienter ou revenir un autre jour. » Il ne faut donc pas remettre ce geste à plus tard. Je dois le faire maintenant, car le moment suivant n'est pas sous mon contrôle. Il se peut que je rende l'âme ou que cet homme meure, que je perde mon titre de roi ou qu'il change d'avis et s'en aille. N'importe quoi peut arriver. Voilà pourquoi je lui ai donné les bijoux immédiatement. »

Nous n'avons pas davantage de pouvoir sur notre propre mental. Ce n'est pas lui qui nous obéit, c'est nous qui lui sommes soumis. Chaque fois que vous avez envie de faire quelque chose de bien, faites-le immédiatement. Si vous reportez votre geste à plus tard, il peut ne jamais se produire. Quant aux actions négatives, vous pouvez les remettre sans problème à une date ultérieure ! Amma raconte une histoire drôle à ce sujet.

Un singe très intelligent habite dans un grand arbre près d'un temple. De nombreux dévots viennent prier dans ce temple et restent du matin au soir assis sous l'arbre à jeûner par dévotion. Le singe les observe depuis longtemps et un jour, il se dit : « Pour être agréables à Dieu, toutes ces personnes assises ici s'abstiennent de manger. Pourquoi n'en ferais-je pas autant ? Peut-être obtiendrais-je la bénédiction de Dieu et deviendrais-je aussi célèbre qu'Hanuman (le dieu singe). Même les humains le vénèrent. » Il y réfléchit quelque temps, et finit par choisir un jour favorable pour son jeûne. La veille du jour propice, il se remémore sa décision : « C'est demain ton jour de jeûne, n'oublie pas. »

A l'approche de la nuit, voilà qu'il prend peur : « Je n'ai jamais jeûné de ma vie. J'ai l'habitude de manger très souvent et demain je dois rester sans nourriture toute la journée. Je risque de me sentir très fatigué et peut-être même d'avoir des vertiges. Et si je n'arrivais plus à marcher ? Malheureusement, il n'y a pas de fruits dans cet arbre, et pour en trouver, la route est assez longue. A cause du jeûne, je n'aurai peut-être pas la force d'aller jusque là sans m'évanouir. Je ferais mieux de m'installer près d'un arbre fruitier pour commencer cette épreuve. »

Sitôt pensé, sitôt fait, il s'endort au pied d'un arbre chargé de fruits. Il se réveille en sursaut au milieu de la nuit. « Demain, c'est mon jour de jeûne et je vais être tellement fatigué à la fin de la journée ! Que m'arrivera-t-il si je n'ai pas la force de grimper dans l'arbre ? Il est si haut! Et si je tombais en grimpant pour cueillir les fruits? Je serai tellement éreinté et affaibli! Je ferais mieux de grimper dans l'arbre tout de suite et de m'asseoir sur une branche, comme cela je n'aurai pas à bouger beaucoup pour m'alimenter. »

Une fois installé sur la branche, il se rendort mais se réveille à nouveau en sursaut. « Et si je n'arrive même pas à tendre le bras ? Je vais cueillir les fruits maintenant. » Il en attrappe quelques uns et les garde sur les genoux. Mais la tentation est trop grande : « Il fait à peine jour. Ce soir je serai peut-être épuisé par la privation et je ne serai plus capable de porter les fruits à ma bouche et de les mastiquer. Ce serait vraiment trop bête de mourir de faim avec des fruits bien mûrs à portée de main. Et puis il n'y a pas loin des genoux au ventre. Je pourrais aussi bien les conserver dans mon estomac. Je n'aurai qu'à jeûner le prochain jour favorable. » Sur ce, il avale les fruits.

Inutile de préciser qu'il n'a jamais été capable de jeûner.

Ne soyons pas semblables au singe de l'histoire. Nous sommes tous privilégiés d'avoir Amma à nos côtés. N'hésitons plus et faisons les efforts nécessaires pour avancer sur le chemin spirituel. Grâce à la présence d'Amma, notre pratique portera rapidement des fruits. L'humilité d'Amma l'empêche de dire clairement : « Je suis là. Si tu fais seulement quelques petits efforts, je te donnerai des résultats rapides. » Mais elle donne des indices indirects : « Creusez un puits à côté d'une rivière et vous aurez de l'eau très vite. »

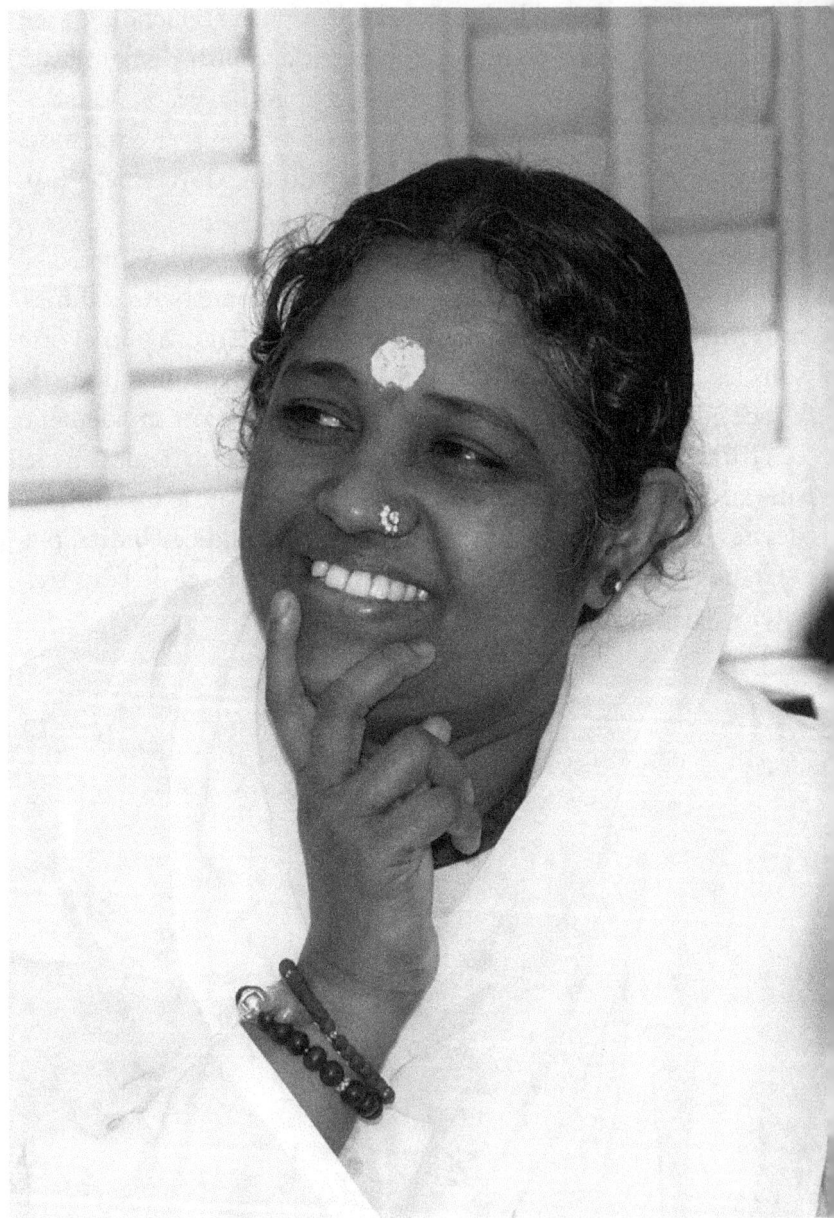

Chapitre 15

Purifier le mental

Sacrifice, don et austérité

D'après les Ecritures, il y a trois disciplines à pratiquer chaque jour pour purifier le mental et mener une vie prospère. Krishna les décrit dans la *Bhagavad Gita* : *yagna, danam, tapas.*

La première, *yagna,* l'adoration, sans attendre de profit personnel. La seconde, *danam,* la charité, donner les choses auxquelles nous sommes très attachés. La troisième, *tapas,* l'austérité, faire des efforts constants et conscients sur la voie spirituelle. Krishna ajoute qu'il faut accomplir ces actions sans nous attacher à leur résultat.

Yagna signifie vénérer ou prier Dieu par pure gratitude, sans en attendre une quelconque faveur. Après tout, c'est à Dieu que nous devons la vie même. Afin d'exprimer notre reconnaissance et de nous acquitter de notre dette envers lui, Amma dit qu'il faut vénérer Dieu. Nous pouvons le faire de multiples façons : récitation des 108 ou des mille noms de Dieu, répétition d'un mantra, méditation, chants dévotionnels ou lecture des textes sacrés.

D'autre part, toute activité désintéressée faite en commun, que ce soit le service d'autrui ou la prière, est considérée comme *yagna.* Dans les temps anciens, les grands rois et les *rishis* pratiquaient différents *yagnas* à l'occasion desquels ils distribuaient en charité une grande partie de leurs richesses et de leur sagesse. Les *pujas* collectives que dirige Amma sont une version moderne de *yagna.*

Toute activité de service faite collectivement sous la conduite d'un Maître contribue à éliminer l'ego. Amma donne l'exemple pertinent de pierres aux arêtes tranchantes que l'on met dans une centrifugeuse. La vitesse de rotation de la machine est telle que les pierres s'émoussent jusqu'à devenir lisses et polies. De la même manière, travailler en groupe dans un ashram, offre à l'ego de nombreuses occasions de se frotter à celui des autres et ainsi de perdre ses aspérités et de s'arrondir. C'est pour cette raison qu'il est si important de vivre dans un ashram et d'y faire du *seva*, surtout en présence d'un Maître.

La seconde catégorie de comportements concerne *danam*, la charité. Si vous en avez les moyens, aidez autrui financièrement ; par exemple, des étudiants qui ne peuvent payer leur frais de scolarité, des orphelins ou des gens dans le besoin. La charité ne se pratique pas obligatoirement sur le mode financier. Si vous ne pouvez pas donner d'argent, vous pouvez mettre une compétence particulière ou un don au service d'autrui. Les personnes douées de force physique peuvent apporter leur aide dans un temple, une église, un hôpital ou un hospice. Selon les Ecritures, la forme de charité suprême est *jnana danam* : partager sa sagesse, car celle-ci reste acquise pour toujours à celui qui la reçoit. Ne vaut-il pas mieux apprendre aux gens à gagner de l'argent plutôt que de leur en donner ? Faire la charité peut donc consister à donner, au choix, ses compétences, ses talents, sa force physique, son argent ou ses connaissances.

Ce que nous donnons compte beaucoup. Un don doit être utile au bénéficiaire. Offrir, au nom de la charité, des objets inutilisables n'apporte aucun mérite au bienfaiteur. La manière de donner, elle aussi, revêt une grande importance. Les Ecritures disent : « Vous devez donner à autrui en ayant une attitude intérieure bien précise. Tout d'abord, ayez le désir ardent de donner encore davantage et sans rien attendre en retour. Ensuite, faites attention à ne pas vous enorgueillir de votre générosité. Gardez au contraire un sentiment de modestie en vous disant que votre don est bien maigre et que certains donnent beaucoup plus. Pour finir, soyez conscients que c'est à votre propre Soi que vous offrez un don, car il n'existe qu'une seule et unique Conscience omniprésente. »

En matière d'art du don, avons-nous besoin d'un meilleur exemple que celui d'Amma ? Elle répète qu'elle veut aider de plus en plus de gens. Elle ne tire aucune vanité de sa générosité, car pour elle, nous sommes tous ses enfants et une mère n'est pas fière d'aider ses enfants. Elle est simplement heureuse de le faire. Nous voyons dans l'attitude d'Amma le modèle idéal de la façon de donner.

Amma dit que pratiquer la charité est un moyen d'exprimer à Dieu notre gratitude. Nous devrions Lui être reconnaissants de nous fournir l'occasion de Le servir de différentes manières et ne jamais en retirer d'autosatisfaction. Si nos services ne sont pas appréciés, ne nous plaignons pas de l'ingratitude de ceux qui ne nous rendent pas les honneurs qui nous sont dûs. Sinon, nous n'avancerons pas sur le chemin spirituel. La seule motivation juste est celle d'aider autant que possible, sans tenir compte de la présence ou de l'absence de reconnaissance.

La troisième catégorie est *tapas*, l'ascèse, les austérités. Dans les temps anciens, les gens pratiquaient d'intenses *tapas* : rester debout sur une jambe des heures et des jours, supporter la pluie ou le soleil pendant une longue période, s'asseoir sur un lit d'épines, ou accomplir des jeûnes prolongés. Ces pratiques avaient comme objectif de développer des pouvoirs occultes, de dépasser les limitations physiques, de maîtriser le mental et d'obtenir la vision de Dieu. Ce genre de *tapas* n'est plus envisageable de nos jours, car personne n'a les dispositions nécessaires. Même des exercices simples, comme la récitation des mille noms de Dieu, la méditation quotidienne ou les chants dévotionnels constituent, à notre époque, une sorte de *tapas*, vu le rythme de la vie moderne et le nombre de gadgets et d'objets dont nous dépendons.

Littéralement, *tapas* signifie « qui crée de la chaleur. » On peut donc qualifier de *tapas* les exercices spirituels qui engendrent de la chaleur à l'intérieur du mental par la friction de forces opposées. Les efforts accomplis pour faire le bien entrent également dans cette catégorie. Développer de bonnes habitudes, telles que maîtriser la colère, faire preuve de patience, s'abstenir de juger autrui, ne pas critiquer, exige une lutte intérieure intense, car ces comportements nouveaux et inhabituels s'opposent aux défauts que nous avons laissés croître à volonté. Cela entraîne naturellement un important conflit intérieur.

Il était une fois un homme qui avait l'habitude de boire son café à sept heures du matin et de méditer ensuite. Un jour, persuadée de lui avoir déjà apporté son café, sa femme était en train de vaquer à ses autres tâches ménagères tandis que son mari attendait toujours son café. Il en fut irrité. Il recula l'heure de sa méditation pour attendre son café jusqu'à 7 heures et demie, puis 8 heures, 8 heures et demie. Mais sa femme n'apportait toujours pas le café. Finalement, il fut temps pour lui de se rendre au bureau. Il avait raté sa méditation. Plutôt que de s'énerver, il aurait pu se faire son café lui-même ! Ou bien, pourquoi n'a-t-il pas commencé par méditer, il aurait bu le café ensuite ? Au lieu d'attendre, il aurait dû se mettre à méditer, mais sans méditer sur le café ! Je suis certain qu'un comportement différent de son rituel quotidien aurait engendré un sérieux combat intérieur. C'était une occasion pour lui de mettre *tapas* en pratique, mais il ne l'a pas saisie.

Prenons l'exemple de la douche matinale. Prendre une douche le matin de bonne heure quand nous n'avons pas d'eau chaude, surtout en hiver, est un vrai *tapas*. Il est recommandé pourtant d'en prendre une avant la méditation matinale ou les autres pratiques spirituelles pour se sentir frais et propre. Malheureusement, par paresse ou par réticence à se lever tôt, le mental trouve mille raisons d'éviter la douche.

Selon Amma, la pratique de *tapas* peut commencer par des exercices aussi simples que s'astreindre à une douche matinale, arrêter de boire du café ou différer son repas le temps de chanter le 15ème chapitre de la *Bhagavad Gita. Tapas* est un outil précieux pour dompter le mental. Amma dit que nous devons tous l'utiliser, même si nous menons une vie de famille. Quand un bébé pleure sans que nous en connaissions la raison, apaiser son chagrin est une forme de *tapas*.

Vous avez dû entendre parler de la médecine *ayurvédique*. Dans celle-ci, la discipline que nous devons suivre lorsque nous prenons un traitement est aussi importante que le médicament lui-même. Certains aliments doivent être supprimés pour permettre au remède d'agir. Nous n'apprécions pas toujours le régime que nous prescrit le médecin, mais si nous voulons guérir, il faut suivre ses consignes. De même, si nous voulons recevoir le bénéfice complet de nos pratiques spirituelles, il faut respecter la discipline du sacrifice, de la charité et de l'austérité.

La valeur de la patience

Un jour, en Belgique, une femme est venue voir Amma. Elle souffrait de nombreux problèmes de santé et elle pleurait dans la file d'attente. Après le *darshan*, Amma lui fit signe de s'asseoir à côté d'elle. Il se trouva qu'à ce moment-là, c'était moi qui servais d'interprète. Au bout d'un moment, cette femme voulut s'en aller et me demanda du *prasad* d'Amma. Je transmis sa requête, mais Amma faisait la sourde oreille. Je lui répétai la même chose, sans plus de succès : elle ne répondait toujours pas. Finalement, je rassemblai tout mon courage et lui demandai pour la troisième fois : « Cette femme voudrait que tu lui donnes du *prasad*. » Amma m'enjoignit de me taire et de rester tranquille.

Pendant ce temps, la femme s'impatientait, elle semblait énervée et elle me réclama à nouveau du *prasad*, car elle devait s'en aller. Mais je ne me sentais pas la force de demander à Amma encore une fois. Si bien qu'après avoir attendu quelques minutes de plus, la femme quitta la scène sans *prasad*.

Environ cinq minutes plus tard, Amma se tourna vers moi et me tendit du *prasad* (des cendres sacrées) pour cette femme. Je lui expliquai qu'elle était déjà partie et Amma s'écria : « Oh .... cela aurait résolu ses problèmes. »

J'étais vraiment navré pour elle, parce que si elle avait attendu seulement cinq minutes de plus, ses problèmes auraient été résolus. Mais elle s'était montrée trop impatiente. En présence d'un Maître comme Amma, l'impatience ou d'autres défauts peuvent nous coûter cher. Heureusement, elle revint le lendemain assister au *Devi Bhava*. Je suis allé la voir immédiatement pour lui rendre compte de ce qu'Amma avait dit la veille : « Vous n'auriez pas dû partir si vite hier. Amma m'a donné du *prasad* pour vous cinq minutes après votre départ. La prochaine fois, essayez d'être plus patiente et de passer davantage de temps auprès d'Amma. » Cette fois-ci, elle reçut du *prasad*. Je la revis l'année suivante et elle m'apprit que sa santé s'était bien améliorée.

En rencontrant Amma ou en restant en sa présence, beaucoup d'entre nous savourons un avant-goût du calme et de la sérénité que le mental peut atteindre. Cela nous aide à apprécier la valeur de la réalisation du Soi. Nous voulons rester dans cet état de paix et ce désir nous donne envie de combattre nos attitudes négatives. En développant des qualités telles que la patience, la tolérance et l'indulgence, le mental se calme et se nettoie. Cette pureté mentale nous permet de vivre de profondes expériences spirituelles et nous prépare au but ultime de la réalisation du Soi.

Vénérer les Pieds du Gourou

Le soleil de notre Soi est obscurci par les nuages de l'ego et de la négativité. Mais Amma, purificatrice des cœurs, peut le nettoyer. Quand nous lui offrons notre Soi, recouvert d'ego et d'attachements, il passe à travers le « système d'épuration Amma » et nous revient sous la forme d'un Soi pur. En général, quand nous nous prosternons devant Amma, elle nous touche la tête et nous bénit. Cela signifie que lorque nous déposons une offrande à ses pieds avec amour et humilité, cela nous revient sous forme de bénédiction. Cela forme un cercle parfait.

Peut-être les lecteurs sont-ils nombreux à se demander pourquoi nous adorons les pieds du Maître ? Pourquoi pas la tête ? Celle-ci n'est-elle pas la partie la plus importante du corps ?

Vénérer les pieds du Gourou, c'est vénérer symboliquement la Vérité puisque le Gourou est établi dans la connaissance du Soi. Ses pieds représentent la base sur laquelle il se dresse ou le fondement sur lequel il est établi. Ce fondement est la connaissance du Soi : *atma jnana*. Se prosterner aux pieds d'Amma est un geste symbolique de vénération envers la connaissance du Soi, la Vérité qui sous-tend la création tout entière.

Lorsque nous sommes face à de si grands Maîtres, nous restons muets d'admiration et de respect. Nous nous sentons complètement insignifiants, comme au pied de l'Himalaya. Nous nous sentons dominés par la hauteur de ces montagnes : elles nous rendent humbles et silencieux.

Notre prosternation aux pieds du Maître est signe d'humilité et d'abandon. La véritable humilité et le véritable abandon disposent l'esprit à recevoir la Grâce et l'enseignement du Maître. En retour, le Maître nous façonne à son image. Telle est la grandeur du Gourou. Dans la vie ordinaire, personne ne veut voir son subordonné devenir son égal. Mais ce n'est pas le cas du Maître. Il veut que tous ses disciples atteignent le même état de réalisation que celui qu'il expérimente car il les aime d'un amour désintéressé. Son amour ne pose aucune condition et ne dépend pas de l'aptitude des élèves. Rien au monde ne peut se comparer à cet amour.

La gratitude

En tant que dévots d'Amma, nous éprouvons beaucoup de gratitude pour elle. Elle a transformé nos existences d'une façon spectaculaire. L'influence qu'elle exerce sur nous s'étend de la façon dont nous saluons nos amis ou dont nous mangeons jusqu'au progrès émotionnel et spirituel dont nous faisons l'expérience. Maintenant, quand nous croisons quelqu'un, nous ne lui disons plus « bonjour », ni « salut », mais « Namah Shivaya. » Cette salutation est chargée de sens : « Je m'incline devant l'Eternel (qui est en toi). » Le fait d'énoncer ce mantra nous rappelle qu'en chaque être humain réside le même et unique Dieu. Dans chaque domaine de notre vie, nous sentons la présence d'Amma et les changements qu'elle a opérés. Nous avons peut-être gardé le même style de vie, mais notre attitude et notre point de vue sur l'existence sont complètement différents. Surtout, elle nous a donné un aperçu de notre propre Soi.

Bien qu'Amma n'attende de nous aucune gratitude, le fait d'en éprouver nous aide à nous harmoniser avec elle et nous rend réceptifs à sa Grâce. Etre reconnaissant signifie être conscient du moindre des gestes de bonté que nous recevons d'elle ou du reste du monde.

Ressentir de la gratitude sincère envers quelqu'un amoindrit l'ego. On dit que la reconnaissance est un moyen de s'attirer les faveurs de la miséricorde et du pardon divins.

Quand nous éprouvons ce sentiment pour quelqu'un, il est inutile de comparer ce que nous avons fait pour lui à ce qu'il a fait pour nous. Une fois que nous avons accompli une bonne action, oublions-la et ne nous souvenons que de celles faites par autrui. L'ego est capable de s'infiltrer même dans nos comportements altruistes, il est donc nécessaire de ne pas tenir une comptabilité de nos actes de générosité et de ne pas oublier le bien reçu d'autrui. Le but de toutes nos pratiques spirituelles est d'éliminer l'ego.

Je me souviens d'une histoire de prêtre. Un jour, un prêtre a une expérience spirituelle et reçoit la Grâce divine. Ce soir-là, debout devant l'autel, il prie : « Ô Seigneur, je te suis profondément reconnaissant. Ta compassion et ta Grâce sont si grandes. Je ne suis rien, je suis insignifiant en ta présence. »

Le vieux gardien de l'église entend ses paroles et il se met, lui aussi, à parler à Dieu à haute voix : « Ô Seigneur, je ne suis rien, je ne suis qu'une créature insignifiante sur qui vous avez répandu votre compassion. »

En entendant ces mots, le prêtre est très contrarié, il se dit : « Regardez un peu cet homme qui se croit aussi insignifiant et moins que rien. Il a l'arrogance de se croire semblable à moi ! »

L'ego est très subtil. Il nous fera croire que nous sommes la personne au monde la plus dépourvue d'ego. Ce n'était pas de la gratitude que le prêtre ressentait, ce n'était que le masque de l'ego.

Voici l'histoire d'un garçon qui tombe dans la rivière alors qu'il ne sait pas nager. Il lutte de toutes ses forces contre le courant et tente de rejoindre la rive. Cependant, il n'avance pas beaucoup et tout laisse penser qu'il va se noyer. Un bon nageur, voyant sa détresse, plonge à son secours dans les flots impétueux et le sort de sa situation. Quand le garçon est de retour, sain et sauf, sur la berge, il exprime sa reconnaissance sincère : « Je vous remercie beaucoup de m'avoir sauvé la vie. »

« Ce n'est pas la peine de me remercier, répond son sauveteur, fais simplement en sorte que ta vie vaille la peine d'avoir été sauvée. »

Pareillement, Amma ne veut pas de nos remerciements.

Exprimons lui plutôt notre gratitude par nos actes, nos paroles et nos pensées. C'est la seule manière de rendre à Amma, du moins dans une certaine mesure, ce qu'elle nous donne et tout ce qu'elle fait pour nous.

Chapitre 16

La balayeuse du monde

Nettoyage du mental

Le 29 août 2000, alors qu'Amma quittait la salle de l'assemblée générale des Nations Unies après avoir prononcé un discours marquant au sommet sur la paix mondiale du millénaire, elle a répondu aux médias lors d'une conférence de presse. Un des journalistes lui a demandé ce qu'elle ferait si elle était nommée à la présidence mondiale. Amma a répondu : « Je ne veux pas commander le monde, mais j'aimerais le balayer. Je voudrais nettoyer le mental de tout le monde. »

Nous pouvons croire que notre mental est propre et que seul celui des autres nécessite un coup de balai d'Amma, mais dès que nous sommes confrontés à une situation difficile, la réalité de sa nature nous saute aux yeux.

Amma raconte l'histoire d'un homme qui a réussi. Il est riche et célèbre, mais il a également de nombreux ennemis, jaloux de son succès. Un jour, en sortant pour aller faire un tour, il se fait mordre par le chien du voisin. Comme c'est un animal domestique, il se croit à l'abri de la rage et ne va pas consulter de médecin. Mais quelques jours plus tard, il ne se sent pas bien et se rend chez le docteur. Celui-ci lui dit : « C'est trop tard, le chien était atteint de la rage et vous êtes en danger de mort. » Dès que l'homme entend ces paroles, il sort un carnet de son attaché-case et se met à écrire. Le médecin s'inquiète et se dit qu'il n'aurait pas du lui dire que sa vie était en danger, qu'il aurait mieux fait de le réconforter. Il croit qu'il est en train d'écrire ses dernières volontés. Pour remonter le moral de son patient, il lui dit : « Ne vous en faites pas. Nous avons le tout dernier traitement. Je vais essayer de vous sortir de là. Il ne faut jamais perdre espoir. Inutile de rédiger votre testament tout de suite. »

L'homme lève les yeux vers le médecin et lui dit : « Docteur, je ne suis pas idiot au point de rédiger mon testament. Vous savez que lorsqu'on a été mordu par un chien enragé, on est porteur de cette maladie mortelle. »

« Oui, et alors ? » répond le médecin.

L'homme continue : « Je suis en train de faire la liste de tous les gens que j'ai envie de mordre ! »

Si nous étions parfaitements transparents, Amma n'aurait pas besoin de nettoyer notre mental, mais la plupart d'entre nous avons besoin de ses humbles services.

Le Maître connaît l'avenir

La première fois que je suis venu à l'ashram, j'avais déjà dressé les plans de mon avenir : je désirais avoir un bon métier, épouser une fille riche et belle, faire construire une grande maison, etc. Un jour, à cette époque-là, lors d'un *Devi Bhava*, Amma me montra du doigt à un autre dévot et lui dit : « Va t'asseoir à côté de ce *brahmachari*. » Je fus très surpris d'entendre Amma parler de moi comme d'un *brahmachari*, car cette idée ne m'avait jamais effleuré, même en rêve. Je me dis qu'après tout, Amma n'était pas aussi omnisciente qu'on voulait bien le dire et qu'elle allait lamentablement échouer dans ses prédictions à mon sujet.

Trois ans plus tard, la banque où je travaillais accepta de me transférer dans la ville où habitait ma famille. En fait, la raison qui m'avait poussé à aller voir Amma concernait cette mutation : je voulais sa bénédiction pour l'obtenir rapidement. Ayant reçu l'accord pour la mutation, je me dis que la prédiction d'Amma sur mon avenir de *brahmachari* s'avèrera probablement correcte également.

Après mon changement d'établissement, chaque journée passée à la banque me semblait durer des années. J'avais l'impression que je ne pourrais jamais travailler ici. Je n'arrivais pas à me concentrer et je faisais souvent des erreurs dans les comptes. Mes supérieurs se demandaient ce qu'il m'arrivait. Je ressentais un vide immense dans ma vie. Maintenant que j'étais éloigné d'Amma, je prenais conscience du pouvoir de son amour inconditionnel. J'avais l'impression que j'allais devenir fou si je n'allais pas la voir immédiatement. Je quittai la banque et la ville de ma famille pour me précipiter à l'ashram. Je n'avertis même pas la direction et je partis sans demander une autorisation d'absence.

Amma me dit de reprendre mon travail et de demander une nouvelle mutation pour me rapprocher de l'ashram. Plusieurs années allaient encore s'écouler avant qu'elle me permît de démissionner de la banque.

Je revins finalement à l'ashram après avoir obtenu d'être transféré dans une petite ville voisine qui s'appelle Karunagapally. Lorsque j'étais revenu dans ma ville natale, mes parents pensaient que j'avais retrouvé mes esprits et que j'allais vite oublier, une bonne fois pour toutes, Amma et l'ashram. Mais quand ils me virent changer d'agence et retourner à l'ashram, cela leur fit un choc et ils en furent très contrariés. Ils cherchèrent à nouveau un moyen de me faire revenir à la maison.

Mon grand-père maternel vint me voir et essaya de me faire céder à la tentation en me promettant une voiture neuve et une jolie maison si je revenais. Je réussis tant bien que mal à le renvoyer en lui disant que j'allais réfléchir à sa généreuse proposition et que je l'en remerciais.

Quelques mois plus tard, je reçus une lettre de ma famille qui m'apprit que ma mère était gravement malade, qu'elle était hospitalisée et que je devais revenir immédiatement. A cette nouvelle, je fus très inquiet. Je pris donc la lettre, la montrai à Amma et lui en traduisis le contenu. Amma écouta patiemment mais ne dit rien. Je commençai à m'agiter car je voulais qu'elle me donne une réponse claire. Un peu plus tard, je lui ai rappelé le courrier que j'avais reçu. D'un ton où perçait la contrariété, elle me demanda de me calmer. Cela a eu le mérite de m'énerver encore davantage. Je me dis même qu'Amma devait avoir une raison égoïste de ne pas me donner de réponse ni de me laisser rentrer chez moi.

A cette époque, je ne savais pas encore que, lorsque le Maître ne répond pas à une question, le disciple doit purement et simplement laisser tomber sa question sans faire d'histoires. Je décidai donc de reposer ma question à Amma le lendemain. Quand je lui ai demandé une réponse, le visage d'Amma devint très grave et elle me dit : « Ramakrishna, je vais te dire la vérité, que cela te plaise ou non. Je n'ai rien à gagner à te garder à l'ashram. Que tu restes ou que tu partes, cela m'est égal. D'abord, je ne crois pas que ta mère soit aussi malade que tu le penses. Elle est vraiment triste que tu sois ici mais tout va s'arranger pour elle. En revanche, si tu pars, il se peut que tu ne reviennes jamais ici. De plus, tu gâcherais les chances de tes parents de s'ouvrir à la spiritualité. Tu es libre de décider ce que tu veux faire. Je t'informe seulement des conséquences. »

Voici la beauté des Maîtres, ils ne nous obligent à rien. Ils sont pleins d'amour. L'amour ne peut pas forcer, l'amour ne peut pas être violent. L'amour ne peut qu'être doux et tendre. Dans la *Bhagavad Gita*, Krishna donne plus de sept cents versets d'enseignement à Arjuna sur le champ de bataille. Il répond à ses questions, lui donne des explications, dissipe ses doutes et pour finir, il conclut : « Je t'ai dit ce que j'avais à te dire. Maintenant, tu fais ce que tu veux. » (« *yadecchasi tadha kuru.* »)

Après cette réponse d'Amma, je décidai de ne pas rentrer chez moi, à la fois parce que je ne voulais pas être loin d'elle et parce que je ne voulais pas être un obstacle à l'évolution spirituelle de mes parents. Tout se passa bien pour eux, conformément aux prédictions d'Amma. La santé de ma mère ne posa pas de grave problème. Cependant, mes parents étaient encore plus fâchés contre moi parce qu'à leurs yeux, j'avais fait le choix de ne pas rentrer malgré les nouvelles alarmantes concernant ma mère.

En fin de compte, ils ont porté plainte contre l'ashram pour détention et exploitation de ma personne et ils ajoutèrent que je souffrais de maladie mentale. Des policiers furent désignés pour mener une enquête. En voyant une patrouille de policiers arriver à l'ashram, les villageois s'attroupèrent dans l'espoir d'apprendre une nouvelle sensationnelle ou scandaleuse. Je découvris rapidement que la police était venue pour moi. L'officier responsable me posa quelques questions et me convoqua au commissariat pour le lendemain.

Au poste, les policiers menèrent leur enquête en présence de mon père. Toutes mes réponses à l'interrogatoire leur donnèrent satisfaction et les convainquirent que j'étais à l'ashram de mon plein gré et non retenu de force. Ils décidèrent de classer l'affaire et expliquèrent à mon père que j'allais bien et qu'ils ne pouvaient pas m'obliger à quitter l'ashram.

Je revins à l'ashram et je racontai à Amma ce qui s'était passé. J'étais désolé pour mon père, mais je lui en voulais d'avoir créé cet incident à l'ashram en appelant la police. Les villageois avaient déjà commencé à répandre des rumeurs sur la visite de la police. Je demandai à Amma de faire en sorte que cela ne se reproduise plus dans le futur, mais Amma n'exprima que de l'amour envers mes parents. Elle ne leur en voulait pas du tout et me demanda de laisser tomber ma colère. Elle me dit que mon père viendrait un jour à l'ashram comme dévot et qu'il aurait le nom de Dieu sur les lèvres en poussant son dernier soupir.

Une fois encore, je doutai des affirmations d'Amma. L'idée que mon père vienne un jour à l'ashram, qu'il devienne même

227

un dévot, était pour moi inconcevable, d'autant que ma mère et lui étaient très en colère contre Amma.

Quelques années plus tard, mon père vint à la banque où je travaillais, accompagné de certains membres de la famille. Il me fit remplir une nouvelle demande de mutation pour la ville où ils habitaient. Ne voulant pas causer de scandale sur mon lieu de travail, à une heure où les clients étaient nombreux, je signai le formulaire, en me disant que dès son départ, j'annulerais cette requête. L'après-midi même, de fait, j'ai rédigé une autre lettre dans laquelle je demandais de considérer la première comme nulle.

En revenant à l'ashram, j'expliquai la situation à Amma. Amma avait des doutes sur l'attention que porterait le siège de la banque à ma deuxième lettre (celle qui annulait ma demande de mutation). Elle me conseilla d'écrire une lettre supplémentaire pour confirmer l'annulation. Je lui répondis que ce n'était pas la peine, puisque j'avais déjà envoyé une lettre et que je ne voulais pas passer mon temps à envoyer lettre sur lettre. Cependant, j'aurai payé cher le fait d'avoir pris ses paroles à la légère et de ne pas m'être conformé à ses instructions. Quelques mois plus tard, mon ordre de transfert arriva, je reçus l'ordre de rejoindre immédiatement ma nouvelle affectation. Mon père avait réussi à accélérer la procédure de mutation. J'appris plus tard, par Amma, que ma lettre d'annulation n'était pas arrivée à la direction et que c'était pour cette raison qu'elle voulait que j'en envoie une seconde.

Je fus de nouveau très en colère contre mon père, mais Amma me dit que ce n'était pas raisonnable de m'emporter contre lui, car tout était de ma faute. J'étais bien obligé d'admettre mon erreur, mais je rappelai à Amma que mon père n'était pas encore venu à l'ashram comme elle l'avait prédit quelques années plus tôt. S'il était devenu dévot d'Amma, je n'aurais pas eu tous ces problèmes. Amma me confirma qu'il viendrait vraiment à l'ashram et que je devais faire preuve de patience.

Je voulus donner ma démission à la banque immédiatement car je ne voulais pas me rendre dans ma nouvelle affectation. Amma insista pour que je demande plutôt un congé de longue durée. Elle ne m'autorisa à démissionner que quelque temps après. Finalement, ce problème de mutation se trouva résolu une bonne fois pour toutes.

Un jour, à ma grande surprise, presque huit ans après la prédiction d'Amma à son sujet, je vis arriver mon père à l'ashram. Après son premier *darshan*, il changea complètement. Il se mit à fréquenter régulièrement l'ashram et il demanda un mantra à Amma. J'avais la preuve qu'Amma avait dit vrai.

Au sujet de l'aptitude d'un Mahatma à voir le futur, Amma dit la chose suivante : « Les paroles d'un Mahatma peuvent être vraies ou fausses au moment où il les dit, mais elles deviendront vraies parce qu'un Mahatma est établi dans la vérité. » Non seulement, un Mahatma dit la vérité, mais en plus, la vérité se conforme à sa parole.

Un jour, mon père vint à l'ashram pour recevoir la bénédiction d'Amma pendant le *Devi Bhava*. Après son *darshan*, il s'éloigna d'Amma et s'assit dans le temple pour chanter les 108 noms d'Amma. Il voulut ensuite quitter le temple, mais il eut un vertige et il dut se rasseoir. Il réclama de l'eau, la but et quelques minutes plus tard, il rendit son dernier soupir paisiblement. Le dévot qui lui avait apporté de l'eau me dit plus tard que mon père récitait les noms d'Amma et qu'il tenait à la main son *prasad*. Ainsi tout ce que m'avait dit Amma à son sujet s'était réalisé à la lettre. Amma a confirmé plus tard qu'il disait bien son mantra au moment de sa mort. Elle a dit aussi qu'il n'avait plus besoin de renaître, qu'il s'était fondu en elle. Bien que triste de sa mort, je me suis réjoui de cette parole.

Ma mère est venue à l'ashram quelques années plus tard, et maintenant elle fait partie des résidents. Elle affirme qu'elle est très heureuse de vivre avec Amma et qu'elle n'a pas à s'inquiéter pour ses enfants, ses petits-enfants et les autres membres de la famille car ils sont tous devenus des dévots ; elle sait qu'Amma prendra soin d'eux.

La vie de l'ashram

On entend communément dire que la jeunesse n'est pas le bon moment pour s'engager sur une voie spirituelle et qu'il est préférable d'attendre l'âge de la retraite pour s'y mettre ou pour vivre dans un ashram. Ce point de vue est faux. D'après les Ecritures, si vous n'éprouvez aucune attirance pour le monde ordinaire, et que vous sentez une inclination vers la spiritualité, vous pouvez suivre cette voie, même si vous êtes jeune. C'est moins l'âge qui importe que le désintérêt pour les choses et les objectifs matériels et un désir brûlant de connaître la vérité. Celui qui attend d'avoir terminé son activité professionnelle pour se lancer dans la spiritualité risque de ne pas pouvoir s'adapter physiquement à ce nouveau mode de vie. En effet, à cet âge, il lui sera peut-être trop difficile de rester assis dans une posture de méditation ou d'avoir assez d'énergie pour servir autrui.

Quand des jeunes, hommes ou femmes, décident de rejoindre l'ashram d'Amma en Inde, ils se heurtent parfois à l'opposition de leurs familles. Celles-ci sont beaucoup plus soudées en Inde qu'en Occident. Tandis que les jeunes des pays occidentaux quittent fréquemment leurs parents au début de l'âge adulte, leurs homologues indiens habitent chez leurs parents jusqu'au jour de leur mariage. Il n'est pas rare de voir une personne célibataire de quarante ans vivre avec ses parents. Même après le mariage, nombre de couples emménagent dans la maison de la famille du mari.

Une des principales raisons de l'opposition de mes parents à mon installation à l'ashram, outre leur amour et leur attachement pour moi, était mon statut de fils aîné. Généralement, dans la tradition indienne, le fils aîné partage avec son père les responsabilités familiales. Quand le père ou la mère meurent, c'est lui qui accomplit les rites funéraires et ancestraux. De plus, j'avais deux sœurs qui n'étaient pas encore mariées. Mes parents craignaient qu'aucun homme ne les épouse sachant que leur frère aîné était moine. Bien sûr, beaucoup de gens respectent les moines, mais ils ne veulent pas qu'un des membres de leur famille en devienne un. Quand un jeune se fait moine, ils pensent qu'il y a quelque chose d'anormal chez lui ou dans sa famille.

Une personne qui se marie s'occupera de sa famille, c'est-à-dire de quatre ou cinq personnes. Mais si elle entre dans un ashram, elle servira un beaucoup plus grand nombre de gens. Amma donne l'exemple de la noix de coco. Si l'on s'en sert pour cuisiner un plat, celle-ci profite à un nombre de gens plus réduit que si on la plante. Elle se transformera alors en cocotier qui donnera une abondance de noix. Ce cocotier pourra en engendrer d'autres et être à l'origine d'une récolte encore plus fournie.

Quand des hommes et des femmes choisissent de devenir *brahmacharis* et *brahmacharinis* à l'ashram, leur amour grandit. L'exemple vivant d'Amma les incite à se conduire d'une manière de plus en plus désintéressée. Vivre dans un ashram, surtout auprès d'un grand Maître comme Amma, a un effet réellement positif. Les résidents apprennent à se discipliner et à cultiver de nombreuses qualités. Si des parents sont vraiment concernés par l'épanouissement et la formation du caractère de leurs enfants, il n'y a aucune raison pour qu'ils les dissuadent d'entrer à l'ashram d'Amma. On n'y enseigne rien de nocif. En fait, beaucoup de ceux qui y viennent sont transformés et commencent à mener une vie juste alors que sinon, cela n'aurait peut-être pas été le cas. Certains jeunes qui auraient pu être une source de soucis pour leurs parents ou de troubles pour la société, sont ainsi remis dans le droit chemin par Amma.

Dans mon cas, le fait que je vive à l'ashram et que j'aie quitté ma famille, a poussé mes parents à venir voir Amma. Bien qu'au début, ils aient été très en colère et très tristes de me voir partir, la rencontre d'Amma leur a été, sans aucun doute, grandement bénéfique. Ils n'auraient pas reçu tous ces bienfaits si j'étais resté à la maison avec eux.

Nombreux sont ceux qui interrogent les *brahmacharis* pour savoir s'il est juste pour des enfants de vivre dans un ashram et de ne plus assumer leurs responsabilités envers leurs parents. Amma, elle, dit aux *brahmacharis* et *brahmacharinis* : « Si vos parents n'ont personne pour s'occuper d'eux, amenez-les ici, l'ashram les accueillera et prendra soin d'eux. Même s'ils vivent tous sous le même toit, combien d'enfants adultes et mariés, prennent vraiment soin de leurs parents vieillissant ? De plus, en Inde, beaucoup de jeunes partent à l'étranger pour se faire une situation. Ils ne voient leurs parents qu'à de très rares occasions. Mais, dans cette situation, les parents ne trouvent rien à redire.

Amma connaît l'attachement que les parents portent à leurs enfants et les attentes qu'ils projettent sur eux. Elle sait donc qu'ils ne comprennent pas toujours ce qui les pousse à entrer à l'ashram et qu'ils ne se rendent pas compte des bienfaits que ce choix peut apporter, non seulement aux jeunes, mais à la société tout entière. Certains d'entre eux affirment même, qu'en prenant cette décision, les jeunes hommes et femmes n'adhèrent pas à leur *dharma* envers leur famille et la société. Mais ces personnes oublient que les aspirants spirituels ont, eux aussi, leur *dharma*, et que celui-ci est quelquefois plus élevé ou plus important qu'un autre, puisqu'il conduit à une vie de service et de pratiques spirituelles qui, en fin de compte, profitera au monde entier.

Imaginez qu'une guerre éclate du jour au lendemain. Un militaire de carrière va quitter sa femme et ses enfants, quel que soit l'amour qu'il leur porte, pour participer aux combats, parce que c'est son *dharma*. Il peut même y laisser la vie, si la situation l'exige. Dans ce contexte, son devoir envers son pays est plus important que son devoir envers sa famille. Ainsi, suivant les cas, un *dharma* peut devenir plus important qu'un autre.

Evidemment, la vie spirituelle n'est pas réservée aux *brahmacharis*. Nombre de personnes mariées vivent à Amritapuri, des hommes, des femmes et des enfants qui consacrent leur vie à la pratique spirituelle et au service du monde. Il y en outre ceux qui ne peuvent pas vivre à temps complet à l'ashram, mais qui y passent autant de temps que possible. Et il y a également les dévots, répartis dans le monde, qui servent Amma dans leurs communautés grâce aux ashrams, aux centres et aux groupes de *satsang*, essayant de convertir chacune de leurs actions en prière. Les enfants d'Amma mariés participent à l'entretien de l'ashram et à ses nombreuses œuvres caritatives grâce à leur contribution financière, mais aussi à leur dur travail. Amma dit parfois, que les personnes vivant en famille, plongées dans leurs responsabilités et donc incapables de passer beaucoup de temps avec elle, sont celles qui jouissent vraiment de sa présence à l'intérieur d'eux-mêmes, car leurs cœurs sont emplis du désir d'Amma et leur mental est constamment fixé sur elle.

Que nous soyons célibataires ou mariés, moines ou laïcs, tant que nous avons le désir sincère d'arriver au but et que nous prenons Amma comme guide, nous pouvons obtenir la réalisation du Soi. De fait, dans les temps anciens, la plupart des sages et des saints étaient mariés. Libre à chacun d'entre nous, qui que nous soyons, quoi que nous fassions, de marcher sur le fil du rasoir.

Une occasion bénie

« Je veux que ma vie soit semblable au bâton d'encens qui se consume pour offrir son parfum au monde. Je veux rendre mon dernier soupir en essuyant les larmes d'un de mes enfants et en le consolant sur mon épaule. »

Amma

Amma consacre sa vie, ses jours et ses nuits, au bien de ses enfants. Elle veut passer tout son temps avec eux et pour eux. Je peux compter sur les doigts les jours où Amma, depuis vingt cinq ans que je la connais, n'a pas donné de *darshan*. Elle s'occupe de son réseau d'œuvres humanitaires et d'institutions qui ne cesse de croître, elle rencontre les représentants officiels du gouvernement et les autres personnalités qui lui demandent un entretien, elle anime une session de chants dévotionnels tous les soirs à l'ashram et guide plus de deux mille résidents dans leur recherche spirituelle. Ensuite, sa journée est loin d'être terminée. Elle passe beaucoup de temps, la nuit, à lire les lettres de ses dévots. Quand un journaliste de New York City lui a demandé le secret de son activité infatigable, elle a répondu : « Je suis reliée à la source éternelle de l'énergie et non pas à une pile qui s'use quand on s'en sert. »

Amma dit qu'elle veut alléger la souffrance de tous les êtres humains. Mais comme il lui est impossible physiquement de consoler chacun, elle voudrait que nous devenions ses mains et que nous allions vers ceux qui sont dans le besoin. En fait, elle souhaite que, comme elle, nous répandions l'amour inconditionnel et la compassion. Elle voudrait que nous grandissions au point que la caresse du vent qui effleure notre corps soit bénéfique à autrui. Chaque instant de son existence est dédié à ce but.

C'est une bénédiction pour nous qui sommes ses enfants, d'être ses contemporains et d'avoir foi en elle. Nous portons avec joie la responsabilité de faire grandir cette foi par tous les moyens possibles. Pour cela, référons-nous constamment aux expériences fortes que nous avons vécues auprès d'Amma. Chacune de ces expériences véhicule un message ou un enseignement différent.

La simplicité et l'humilité d'Amma dissimulent sa grandeur. Sa présence aimante est si agréable et si familière, que nous la prenons pour un simple être humain. Ce n'est que de temps en temps, dans un flash, que nous nous souvenons de sa grandeur.

A d'autres moments, il nous faut méditer sur sa divinité. Sinon, son amour maternel, l'intérêt et l'affection qu'elle nous montre peuvent facilement nous leurrer. Tout ce qu'elle nous donne est nécessaire à nos progrès spirituels, mais si nous nous laissons abuser, nous courons le risque de passer à côté de son aspect divin, tout comme Arjuna, pour qui Krishna n'a été longtemps qu'un simple ami. Aux gens ordinaires, Amma n'apparaît que comme une femme pleine d'amour.

Amma se sert de cette apparence pour masquer sa grandeur. Bien qu'elle fasse semblant d'ignorer beaucoup de choses, elle sait tout et elle l'a prouvé en maintes occasions. En vérité, elle est l'incarnation de Parashakti, le Pouvoir Suprême, la Mère Divine de l'Univers.

Essayons de faire le meilleur usage de cette chance merveilleuse. Même si nous n'atteignons pas la réalisation du Soi pendant cette vie-ci, les progrès spirituels que nous aurons accomplis nous resteront acquis. Si par hasard, nous n'arrivons pas au but, nous continuerons dans la prochaine existence, en reprenant le chemin à l'endroit où nous l'avons quitté, nous n'aurons pas à tout recommencer. Pensons donc à Amma avec amour et désir de l'atteindre, persévérons dans nos pratiques spirituelles avec patience, enthousiasme, optimisme et foi. De cette manière, que nous soyons proches ou éloignés d'Amma, nous ressentirons toujours sa présence et nous finirons par nous unir à Elle.

Om Amriteswaryai Namah

Glossaire

adharma : L'injustice. L'opposé du dharma.

adhi bhautikam : Les perturbations extérieures.

adhi daivikam : Les perturbations dues aux forces naturelles.

adhyatmikam : Les perturbations intérieures.

Advaita : La philosophie de la non-dualité.

ahamkara : L'ego. Le sentiment d'avoir une existence séparée du reste du monde.

Arjuna : Le troisième des cinq frères Pandavas. Un grand archer et héros du *Mahabharata*. C'est à Arjuna que Krishna s'adresse dans la *Bhagavad Gita*.

arrta : Les gens qui souffrent.

artharthi : Les personnes avides de richesses ou de satisfaire leurs désirs.

asana : Posture de Hatha yoga.

Atman : Le Soi ou la Conscience.

Atma jnana : La connaissance du Soi.

AUM : S'écrit aussi « Om ». D'après les textes védiques, c'est le son primordial de l'univers. Tous les autres sons proviennent de Om et retournent se fondre en Om.

avadhut : Un saint dont le comportement n'est pas conforme aux normes sociales.

Ayurveda : Le système ancien de médecine traditionnelle indienne.

Bhagavad Gita : « Le chant du Seigneur ». Bhagavad : du Seigneur ; gita : chant. L'enseignement que donne Krishna à Arjuna sur le champ de bataille de Kurukshetra au début de la guerre du Mahabharata. Ce texte est un guide pratique pour la vie quotidienne et contient l'essence de la sagesse védique.

Bhagavatam : L'ouvrage qui décrit la vie des dix incarnations du Dieu Vishnou, en particulier, celle de Krishna et ses jeux d'enfance. Il considère que la dévotion est le chemin suprême pour atteindre l'union à Dieu.

bhajan : Le chant dévotionnel.

bhakti : La dévotion spirituelle et l'amour.

bhava : Une humeur divine ou une attitude (voir Devi Bhava).

bhiksha : Les aumônes.

Bhishma : Le grand-père des Pandavas et des Kauravas. Bien qu'il combatte dans le camp des Kauravas pendant la guerre du Mahabharata, il est un champion du *dharma*, et sa sympathie va aux victorieux Pandavas. C'est le personnage du *Mahabharata* le plus important après Krishna.

bhoga : La jouissance des plaisirs des sens.

brahmachari : Un moine célibataire qui pratique une discipline spirituelle généralement sous la conduite d'un Maître. Brahma-charini en est l'équivalent féminin.

Brahmasthanam : Nés de l'intuition divine d'Amma, ces temples uniques sont les premiers à montrer plusieurs divinités sur la même statue. Celle-ci a quatre côtés, chacun représentant une divinité différente : Ganesh, Shiva, Devi, et Rahu. L'accent est mis sur l'unité sous-jacente aux différents aspects du divin.

Brindavan : Le lieu de naissance du seigneur Krishna, où beaucoup de ses *lilas* (jeux divins) se sont déroulées.

chapatti : Un pain rond et plat, semblable à une tortilla.

danam : La charité.

darshan : Voir Dieu ou une personne sainte.

Dipavali : Le festival des lumières, appelé aussi Diwali. A l'origine, il commémore le retour de Rama à Ayodhya après quatorze années d'exil, mais il célèbre également d'autres événements. Dans certaines parties de l'Inde, il honore les déesses Lakshmi, Saraswati et Durga. Il symbolise la victoire de la lumière sur les ténèbres.

Devi : Déesse. La Mère Divine.

Devi Bhava : L'attitude de Devi. L'état dans lequel Amma révèle son unité et son identité avec la Mère Divine.

dharma : En sanscrit, dharma signifie « ce qui maintient (la création) ». Utilisé plus généralement pour indiquer ce qui soutient l'harmonie de l'univers. Les autres significations incluent : devoir, responsabilité, droiture.

gopi : Les gopis étaient des bergères et des laitières qui vivaient à Brindavan. Elles étaient dévotes de Krishna et très proches de lui. Elles sont connues pour la dévotion suprême qu'elles lui ont montrée.

Guha : L'homme qui a fait traverser le Gange à Rama.

Haridwar : Une ville sainte, lieu de pèlerinage, située au pied de l'Himalaya.

Janaka : Un roi de l'Inde ancienne, célèbre pour avoir concilié la réalisation du Soi et son devoir de gouvernement du royaume.

japa : La répétition d'un mantra.

jijnasu : Une personne sincèrement intéressée par la connaissance, surtout celle de la Vérité ou de Dieu.

jnana danam : Donner la connaissance par charité.

jnani : Une personne qui a réalisé Dieu ou le Soi.

Kalari : Le petit temple où se déroulaient les darshans de Krishna Bhava et de Devi Bhava dans les premiers temps de l'ashram et où actuellement sont pratiquées quotidiennement des pujas.

karma : Une action. Egalement, la chaîne des effets engendrés par nos actes.

Karna : Un roi du *Mahabharata*, considéré comme l'une des personnes les plus charitables de l'histoire.

KathaUpanishad : L'une des principales Upanishads, dans laquelle un jeune garçon part à la rencontre de Yama, le Dieu de la mort qui répond à ses questions sur le Soi.

Kauravas : Les 100 enfants de Dhritharasthra et de Gandhari, dont l'aîné est Duryodhana, dépourvu de droiture. Les Kauravas sont les ennemis de leurs cousins, les vertueux Pandavas, contre qui ils se battent dans la guerre du Mahabharata.

Krishna : La principale incarnation de Vishnou. Né dans une famille royale, mais élevé par des parents adoptifs, il a mené une vie de jeune vacher à Brindavan, où il était aimé et vénéré par ses dévoués compagnons et compagnes, les gopas et les gopis (les vachers et vachères). Krishna est devenu plus tard le monarque de Dwaraka. Il était l'ami et le conseiller de ses cousins les Pandavas, surtout d'Arjuna, à qui il a servi de conducteur de char pendant la guerre du Mahabharata et à qui il a révélé son enseignement dans la *Bhagavad Gita*.

lila : Le jeu divin.

Mahabharata : L'une des deux grandes épopées historiques de l'Inde, l'autre étant le *Ramayana*. C'est un grand traité sur le dharma et la spiritualité. L'histoire concerne essentiellement le conflit entre les Pandavas et les Kauravas et la grande guerre à Kurukshetra. Il contient 100 000 versets, ce qui en fait le plus long poème épique du monde. Il a été écrit aux environs de 3200 avant Jésus-Christ par le sage Vyasa .

maitri : L'attitude amicale envers tous les êtres.

mamakara : L'attachement possessif. Le sens de l'ap-propriation.

Mata Amritanandamayi Devi : Le nom officiel monastique d'Amma, qui signifie Mère de la Béatitude Eternelle.

moksha : La libération spirituelle finale.

mon : Fils en malayalam. Amma murmure souvent ce mot à l'oreille de ses enfants masculins pendant le darshan. L'équivalent féminin est *mol* (fille).

Mont Kailas : Situé dans l'Himalaya, le Mont Kailas est l'un des lieux de pèlerinage les plus sacrés. Certaines Ecritures hindoues disent que c'est la demeure de Shiva.

mudra : Un geste, exprimé le plus souvent avec les mains, ayant une signification spirituelle.

Namadev : Un ardent dévot du Seigneur qui a atteint les hautes sphères de la réalisation de Dieu.

Om Amriteswaryai Namah : Un mantra sacré pour les dévots d'Amma, dont le sens est : « Salutations à la Déesse de l'Immortalité (Amma) ».

Om Namah Shivaya : Un mantra puissant qui signifie: "Je m'incline devant Celui qui est éternellement favorable."

Pandavas : Cinq frères, Yudhisthira, Bhima, Arjuna, Nakula et Sahadeva, qui sont les fils du roi Pandu et les héros de l'épopée du *Mahabharata*.

pappadam : Une crêpe très fine, ronde et croustillante.

paramartika satta : La réalité absolue.

Parashakti : Le pouvoir suprême.

Parvati : L'épouse de Shiva.

Patanjali : Un sage indien, connu pour ses célèbres *Yoga Sutras*.

prarabdha : Les fruits des actes commis dans des vies antérieures que nous sommes destinés à recueillir dans cette vie-ci.

prasad : Une offrande ou un don bénis par une personne sainte ou un prêtre dans un temple, se présentant souvent sous forme de nourriture.

pratabhasika satta : La réalité apparente.

puja : Rituel ou cérémonie dévotionnels.

Rama : Le divin héros de l'épopée du *Ramayana*. Incarnation du Dieu Vishnou, il est considéré comme l'idéal du dharma et de la vertu.

rishi : Les sages ou visionnaires ayant réalisé le Soi, qui ont fait l'expérience de la Vérité Suprême. Ils ont exprimé leur perception dans les Védas, les plus vieux et les plus sacrés des textes indiens.

sadhana : Une pratique spirituelle.

samadhi : L'unité avec le Soi. L'état transcendent dans lequel on perd tout sens de l'identité individuelle.

Sanatana Dharma : « L'éternel chemin de la Vie. » Le nom originel et traditionnel donné à l'Hindouisme.

sankalpa : Une décision divine.

sannyasin : Un moine qui a fait vœu de renoncement (sannyasa). Un sannyasin porte traditionnellement des vêtements de la couleur du feu, ocre, pour symboliser l'action de consumer tous les désirs. L'équivalent féminin est une sannyasini.

Satguru : Un Maître spirituel qui a réalisé le Soi.

satsang : Sat = vérité, être ; sanga= association avec. Être dans la compagnie des Mahatmas. Assister à des enseignements ou des débats spirituels.

seva : Le service désintéressé offert à Dieu.

shanti : La paix.

Sita : La divine épouse de Rama. En Inde, elle est considérée comme l'idéal de la féminité.

Srimad Bhagavatam : Voir *Bhagavatam*. Srimad signifie propice.

Sudama: Un pieux brahmane, ami d'enfance de Krishna.

Sudhamani : Le nom donné à Amma par ses parents, signifiant « Pur joyau. »

tabla : Un petit instrument à percussion indien.

tantra : Un système de rites pratiqués pour obtenir un pouvoir supérieur. L'accent est plutôt mis sur les mudras que sur les mantras.

tapas : Les austérités, l'ascèse.

Tiruvannamallai : Une ville située au pied d'une colline sacrée, Arunachala, dans le Tamil Nadu, un état du sud de l'Inde, où a vécu le saint Ramana Maharshi.

Tulsidas : Un saint et poète indien, célèbre pour sa composition du *Ramayana* en hindi.

udarah : Un noble.

Upanishad : Les textes qui concluent les Védas, concernant la philosophie du non-dualisme.

vasana : Tendances latentes ou désirs subtils du mental qui se manifestent par des comportements ou des habitudes.

védique : Relatif aux Védas.

vyavaharika satta : La réalité relative.

yagna : rituel dévotionnel dépourvu de l'attente d'un profit personnel.

Yajnavalkya : Un grand sage qui fait figure de Maître principal dans les Védas et les Upanishads. C'était le Gourou du roi Janaka.

Yashoda : La mère adoptive de Krishna.

yoga : « Unir ». L'union avec l'Être suprême. Il définit aussi les différentes méthodes qui permettent d'atteindre l'union avec le Divin. Une voie spirituelle qui mène à la réalisation du Soi.

Yogi : Celui qui a atteint l'état ultime de yoga.